Ursula Kriesten

**Fallsammlung
für die
lernfeldorientierte Altenpflegeausbildung**

Ursula Kriesten

Fallsammlung für die lernfeldorientierte Altenpflegeausbildung

Lern- und Handlungssituationen
mit Arbeitsaufträgen für den Unterricht
und zur Vorbereitung auf die staatliche Prüfung

BRIGITTE KUNZ VERLAG

Bibliografische Information Der Deutschen Bibliothek
Die Deutsche Bibliothek verzeichnet diese Publikation in der Deutschen Nationalbibliografie; detaillierte bibliografische Daten sind im Internet über http://dnb.ddb.de abrufbar.

ISBN-10: 3-89993-442-3
ISBN-13: 978-3-89993-442-7

Anschrift der Autorin:
Ursula Kriesten
Bitzenweg 25
51674 Wiehl

Ursula Kriesten leitet seit 1995 das Fachseminar Pflegeberufe des Oberbergischen Kreises in Gummersbach mit der Altenpflegeschule und mit dem Fort- und Weiterbildungsbereich.

Mehr wissen – besser pflegen!

Besuchen Sie unser Pflegeportal im Internet.

© 2007 Schlütersche Verlagsgesellschaft mbH & Co. KG,
Hans-Böckler-Allee 7, 30173 Hannover

Alle Rechte vorbehalten. Das Werk ist urheberrechtlich geschützt. Jede Verwertung außerhalb der gesetzlich geregelten Fälle muss vom Verlag schriftlich genehmigt werden.
Die im Folgenden verwendeten Personen- und Berufsbezeichnungen stehen immer gleichwertig für beide Geschlechter, auch wenn sie nur in einer Form benannt sind.
Ein Markenzeichen kann warenrechtlich geschützt sein, ohne dass dieses besonders gekennzeichnet wurde.

Satz: PER Medien+Marketing GmbH, Braunschweig
Druck und Bindung: Druck Thiebes GmbH, Hagen

Inhalt

Vorwort 11

Zu den Bearbeitungshinweisen 14

Prüfungsrelevante Lernbereiche und Lernfelder 15

Lernbereich 1: Aufgaben und Konzepte in der Altenpflege 17

Lernfeld 1.1 Theoretische Grundlagen in das altenpflegerische
Handeln einbeziehen 17
- Alter, Gesundheit, Krankheit, Behinderung
  und Pflegebedürftigkeit 17
- Konzepte, Modelle und Theorien der Pflege 19
- Handlungsrelevanz von Konzepten und Modellen
  der Pflege anhand konkreter Pflegesituationen 20
- Pflegeforschung und Umsetzung
  von Forschungsergebnissen 21
- Gesundheitsförderung und Prävention 22
- Rehabilitation 24
- Biografiearbeit 25
- Pflegerelevante Grundlagen der Ethik 27

Lernfeld 1.2 **Pflege alter Menschen planen, durchführen,
dokumentieren und evaluieren** 28
- Wahrnehmung und Beobachtung 28
- Pflegeprozess 29
- Pflegediagnostik 30
- Planung, Durchführung und Evaluation der Pflege 32
- Grenzen der Pflegeplanung 33
- Pflegedokumentation, EDV 34

Inhalt

Lernfeld 1.3	Alte Menschen personen- und situationsbezogen pflegen	35

- Pflegerelevante Grundlagen, insbesondere der Anatomie, Physiologie, Geriatrie, Gerontopsychiatrie, Psychologie, Arzneimittelkunde, Hygiene und Ernährungslehre 35
- Unterstützung alter Menschen bei der Selbstpflege 36
- Unterstützung alter Menschen bei präventiven und rehabilitativen Maßnahmen 38
- Mitwirkung bei geriatrischen und gerontopsychiatrischen Rehabilitationskonzepten 41
- Umgang mit Hilfsmitteln und Prothesen 43
- Pflege alter Menschen mit eingeschränkter Funktion von Sinnesorganen 44
- Pflege alter Menschen mit Behinderungen 47
- Pflege alter Menschen mit akuten und chronischen Erkrankungen 48
- Pflege infektionskranker alter Menschen 68
- Pflege multimorbider alter Menschen 80
- Pflege alter Menschen mit chronischen Schmerzen 83
- Pflege alter Menschen in existenziellen Krisensituationen 84
- Pflege dementer und gerontopsychiatrisch veränderter alter Menschen 86
- Pflege alter Menschen mit Suchterkrankungen 93
- Pflege schwerstkranker alter Menschen 94
- Pflege sterbender alter Menschen 100
- Handeln in Notfällen, Erste Hilfe 103
- Überleitungspflege, Casemanagement 106

Lernfeld 1.4	Anleiten, beraten und Gespräche führen	113

- Kommunikation und Gesprächsführung 113
- Beratung und Anleitung alter Menschen 114

	• Beratung und Anleitung von Angehörigen und Bezugspersonen	116
	• Anleitung von Pflegenden, die nicht Pflegefachkräfte sind	117
Lernfeld 1.5	Bei der medizinischen Diagnostik und Therapie mitwirken	119
	• Durchführung ärztlicher Verordnungen	119
	• Rechtliche Grundlagen	125
	• Rahmenbedingungen	127
	• Zusammenarbeit mit Ärztinnen und Ärzten	128
	• Interdisziplinäre Zusammenarbeit, Mitwirkung im therapeutischen Team	130
	• Mitwirkung an Rehabilitationskonzepten	131

Lernbereich 2: Unterstützung alter Menschen bei der Lebensgestaltung ... 132

Lernfeld 2.1	Lebenswelten und soziale Netzwerke alter Menschen beim altenpflegerischen Handeln berücksichtigen	132
	• Altern als Veränderungsprozess	132
	• Demografische Entwicklungen	134
	• Ethniespezifische und interkulturelle Aspekte	135
	• Glaubens- und Lebensfragen	138
	• Alltag und Wohnen im Alter	139
	• Familienbeziehungen und soziale Netzwerke alter Menschen	144
	• Sexualität im Alter	147
	• Menschen mit Behinderungen im Alter	148

Lernfeld 2.2	Alte Menschen bei der Wohnraum- und Wohnumfeldgestaltung unterstützen	150
	• Ernährung, Haushalt	150
	• Schaffung eines förderlichen und sicheren Wohnraums und Wohnumfelds	155
	• Wohnformen im Alter	156
	• Hilfsmittel und Wohnraumanpassung	158
Lernfeld 2.3	Alte Menschen bei der Tagesgestaltung und bei selbst organisierten Aktivitäten unterstützen	160
	• Tagesstrukturierende Maßnahmen	160
	• Musische, kulturelle und handwerkliche Beschäftigungs- und Bildungsangebote	161
	• Feste und Veranstaltungsangebote	163
	• Medienangebote	165
	• Freiwilliges Engagement alter Menschen	166
	• Selbsthilfegruppen	168
	• Seniorenvertretungen, Seniorenbeiräte	169

Lernbereich 3: Rechtliche und institutionelle Rahmenbedingungen altenpflegerischer Arbeit ... 171

Lernfeld 3.1	Institutionelle und rechtliche Rahmenbedingungen beim altenpflegerischen Handeln berücksichtigen	171
	• Systeme der sozialen Sicherung	171
	• Träger, Dienste und Einrichtungen des Gesundheits- und Sozialwesens	173
	• Vernetzung, Koordination und Kooperation im Gesundheits- und Sozialwesen	176
	• Pflegeüberleitung, Schnittstellenmanagement	179
	• Rechtliche Rahmenbedingungen altenpflegerischer Arbeit	182

	• Betriebswirtschaftliche Rahmenbedingungen altenpflegerischer Arbeit	186
Lernfeld 3.2	An qualitätssichernden Maßnahmen in der Altenpflege mitwirken	188
	• Rechtliche Grundlagen	188
	• Konzepte und Methoden der Qualitätsentwicklung	189
	• Fachaufsicht	192

Lernbereich 4: Altenpflege als Beruf 194

Lernfeld 4.1	Berufliches Selbstverständnis entwickeln	194
	• Geschichte der Pflegeberufe	194
	• Berufsgesetze der Pflegeberufe	195
	• Professionalisierung der Altenpflege, Berufsbild und Arbeitsfelder	196
	• Berufsverbände und Organisationen der Altenpflege	197
	• Teamarbeit und Zusammenarbeit mit anderen Berufsgruppen	198
	• Ethische Herausforderungen der Altenpflege	199
	• Reflexion der beruflichen Rolle und des eigenen Handelns	201
Lernfeld 4.2	Lernen lernen	203
	• Lernen und Lerntechniken	203
	• Lernen mit neuen Informations- und Kommunikationstechnologien	204
	• Arbeitsmethodik	205
	• Zeitmanagement	207

Inhalt

Lernfeld 4.3	Mit Krisen und schwierigen sozialen Situationen umgehen	209
	• Berufstypische Konflikte und Befindlichkeiten	209
	• Spannungen in der Pflegebeziehung	215
	• Gewalt in der Pflege	216
Lernfeld 4.4	Die eigene Gesundheit erhalten und fördern	221
	• Persönliche Gesundheitsförderung	221
	• Arbeitsschutz	222
	• Stressprävention und -bewältigung	223
	• Kollegiale Beratung und Supervision	224

Literatur 226

Internetadressen 228

Register 230

Vorwort

Dieses Buch richtet sich an Lernende und Lehrende in der Altenpflegeausbildung.
Seit 2003 hat die Altenpflegeausbildung per Bundesaltenpflegegesetz nach handlungsbezogenem und lernfeldorientiertem Vorgehen, entsprechend der Empfehlung der Kultusministerkonferenz, ähnlich wie in der dualen Ausbildung zu erfolgen.
Das vorliegende Buch orientiert sich in seiner Struktur an der Ausbildungs- und Prüfungsverordnung (AltPflAPrV) 2002 der Altenpflegeausbildung nach Bundesrecht.
Alle Lernbereiche und Lernfelder, nach Vorgabe der Ausbildungs- und Prüfungsverordnung, sind berücksichtigt und zu allen Lernfeldern sind exemplarisch handlungsbezogene Situationen geschildert.
Beim Lesen dieses Buches in allen Lernbereichen erhält man eine Vorstellung von der Dimension der vielfältigen und hochkomplexen Handlungssituationen, die in der Altenpflegeausbildung und in der Pflegepraxis alltäglich sind.
Gleichzeitig liegt mir daran, durch die Auswahl und Zusammenstellung dieser vielfältigen Themen, Fallbeispiele und Handlungssituationen einen Gesamteindruck der verantwortungsvollen Handlungen in der Altenpflege zu geben.
Ich habe eine Auswahl von relevanten Themen vorgenommen, von denen ich glaube, dass sie heute in eine anspruchsvolle Altenpflegeausbildung und -prüfung gehören.
Seit mehr als 18 Jahren befasse ich mich mit der Arbeit mit Fallbeispielen und Situationen in der Ausbildung von Pflegeberufen. Das induktive Vorgehen und die situationsbezogene Behandlung von Unterrichtsinhalten fasziniert mich noch heute und motiviert mich bei den Überlegungen und Planungen von Ausbildung, Unterricht und Prüfung.
Schon in den 90er-Jahren habe ich den Versuch gewagt, im curricularen Ansatz die gesamte Ausbildung in der Alten- und Krankenpflege nach induktivem Vorgehen auf der Grundlage von Fallbeispielen ordnen, planen, durchführen und evaluieren zu können.

Vorwort

Allen Lernenden wird hoffentlich mit der Auswahl von Fällen und Bearbeitungshinweisen, Lust am Lernen und Sicherheit für die Prüfungsvorbereitung gegeben.

Allen Lehrenden wünsche ich viel Kreativität bei der didaktischen und methodischen Planung auf der Grundlage der hier beschriebenen Situationen und Handlungen.

Allen am Thema Interessierten wünsche ich viel Spaß beim Lesen der Handlungs-, Pflege- und Prüfungssituationen.

Wiehl, im Juni 2006   Ursula Kriesten

Dank

Mein Dank gilt den vielen ehemaligen Schülerinnen und Schülern der Pflegeberufe, die mich durch ihre große Neugierde und ihren Wunsch, Inhalte realitätsnah und praxisbezogen umsetzen zu wollen, immer wieder beflügelt und inspiriert haben.
Ich freue mich über konstruktive Rückmeldungen!

Zu den Bearbeitungshinweisen

Zu jedem Fall und zu jeder Handlungs-, Lern- und Prüfungssituation werden kurze Bearbeitungshinweise gegeben.
Hierzu werden wenige verschiedene Methoden vorgegeben. Jedoch liegt der Schwerpunkt ganz bewusst nicht auf der Methodenauswahl, sondern auf den Inhalten.
Bewusst wird auf jegliche didaktische Vorgaben verzichtet.
Die Methodenwahl und Unterrichtsgestaltung kann und soll somit frei gewählt werden. Bei der Vorbereitung, Bearbeitung und Umsetzung der Handlungssituationen sollten Lernende wie Lehrende Methoden wählen, die sie mögen, für adäquat erachten und die gut in die schulinterne Abfolge passen.
Die beschriebenen Bearbeitungshinweise sind lediglich Ideen. Aus allen Fällen können/sollen weitere Bearbeitungshinweise, Arbeitsaufträge oder Prüfungsfragen entwickelt werden.
In der Kopfzeile ist vermerkt, welche Lernfelder prüfungsrelevant sind.

Prüfungsrelevante Lernbereiche und Lernfelder

Laut Ausbildungs- und Prüfungsordnung sind folgende Lernfelder prüfungsrelevant:

Praktische Prüfung:
- Lernbereich 1 »Aufgaben und Konzepte in der Altenpflege« und
- Lernbereich 2 »Unterstützung alter Menschen bei der Lebensgestaltung«

Schriftliche Prüfung:
1. Lernfeld 1.1 »Theoretische Grundlagen in das altenpflegerische Handeln einbeziehen« und
   Lernfeld 1.2 »Pflege alter Menschen planen, durchführen, dokumentieren und evaluieren«

2. Lernfeld 1.3 »Alte Menschen personen- und situationsbezogen pflegen« und
   Lernfeld 1.5 »Bei der medizinischen Diagnostik und Therapie mitwirken«

3. Lernfeld 2.1 »Lebenswelten und soziale Netzwerke alter Menschen beim altenpflegerischen Handeln berücksichtigen«

Mündliche Prüfung:
1. Lernfeld 1.3 »Alte Menschen personen- und situationsbezogen pflegen«

2. Lernfeld 3.1 »Institutionelle und rechtliche Rahmenbedingungen beim altenpflegerischen Handeln berücksichtigen«

3. Lernfeld 4.1 »Berufliches Selbstverständnis entwickeln« und
   Lernfeld 4.3 »Mit Krisen und schwierigen sozialen Situationen umgehen«

Lernbereich 1: Aufgaben und Konzepte in der Altenpflege

Lernfeld 1.1 Theoretische Grundlagen in das altenpflegerische Handeln einbeziehen

Prüfungsrelevantes Lernfeld! Mögliche Prüfungsfragen/-aufgaben

Alter, Gesundheit, Krankheit, Behinderung und Pflegebedürftigkeit

Bearbeitungsschwerpunkte:
- Begriffe, Definitionen
- Dimensionen von Alter, Gesundheit, Krankheit, Behinderung und Pflegebedürftigkeit

Lieselotte Golgowski verändert sich

Lieselotte Golgowski ist 78 Jahre alt und lebt seit einem Jahr in einem Seniorenheim. In der nächsten Woche feiert sie ihren 79. Geburtstag.

Lieselotte Golgowski kam ein halbes Jahr nach dem Tod ihres Mannes ins Heim, weil sie es nach ihren Worten »nicht mehr allein aushielt«. Sie sagte damals bei der Heimaufnahme: »Ich werde verrückt. Ohne meinen lieben Mann hat mein Leben keinen Sinn mehr. Am liebsten würde ich ihm sofort folgen, aber das lässt Gott nicht zu.«

Lieselotte Golgowski hat den Verlust ihres Ehemannes offensichtlich nicht verkraftet. Sie entwickelte zusehends körperliche Symptome, über die sie häufig klagte. Fast täglich berichtete sie über ein Kribbeln in den Beinen, Unruhezustände, depressive Verstimmungen, Todeswünsche, Magen-Darmbeschwerden und Appetitverlust.

Oft weint sie über den Tod ihres Mannes.

Lernbereich 1: Aufgaben und Konzepte in der Altenpflege

Lieselotte Golgowski hat keine Kinder, und ihre 50-jährige Ehe war sehr glücklich, wie sie öfter erzählt. Sie hat selber keine Verwandtschaft, und zur Verwandtschaft ihres verstorbenen Mannes hatte sie nie Kontakt.

Lieselotte Golgowski gehört einer freikirchlichen Gemeinde an, und einige der Gemeindemitglieder sind nun der einzige Besuch, den sie erhält.

In den letzten acht Wochen fühlt sich Lieselotte Golgowski zunehmend unwohl. Da sie wegen Appetitlosigkeit nur sehr wenig isst, hat sie 6 kg Körpergewicht verloren. Sie wiegt bei einer Körpergröße von 1,68 m nur noch 50 kg.

In den frühen Nachtstunden sitzt Lieselotte Golgowski mit ängstlichem Gesicht meist auf dem Bettrand und reagiert hilflos und aggressiv auf das Pflegepersonal. »Lasst mich in Ruhe. Ihr sollt mich nicht einsperren. Ich bin nichts mehr wert«, sind Ausrufe, die sie immer häufiger wiederholt. Seit einigen Tagen berichtet sie, dass sie schwanger sei, und dass keiner ihr das Kind wegnehmen kann, dafür werde sie schon sorgen. Sie hält sich dann ihren Bauch oder wickelt sich manchmal in ihren Bademantel ein, so dass es aussieht, als sei sie schwanger.

Manchmal schreit sie nachts laut auf oder läuft den Flur auf und ab. Ihre Kontrolle über ihre Stuhl- und Urinausscheidung nimmt zunehmend täglich ab.

Bearbeitungshinweise:
- Bearbeiten und definieren Sie anhand des Werdegangs von Lieselotte Golgowski die Begriffe Alter, Gesundheit, Krankheit, Behinderung und Pflegebedürftigkeit nach Ihren eigenen Vorstellungen.
- Ziehen Sie Definitionen zu Alter, Gesundheit, Krankheit, Behinderung und Pflegebedürftigkeit aus der Literatur heran und vergleichen Sie diese Angaben mit Ihren eigenen Definitionen.
- Nennen Sie verschiedene Alterstheorien und erklären Sie die Unterschiede und Gemeinsamkeiten.
- Diskutieren Sie die verschiedenen Sichtweisen in der Gruppe.
- Setzen Sie die Definitionen und Dimensionen der Begriffe in Vergleich:
- Welche Bedeutung haben Alterstheorien für einen jungen und für einen alten Menschen?
- Unterscheiden Sie gesundes Altern von krankhaftem Altern.
- Stellen Sie dar, ab wann eine Pflegebedürftigkeit beginnt.

> - Beschreiben Sie am Fall von Lieselotte Golgowski, über welches professionelle Fachwissen eine Altenpflegefachkraft verfügen muss, um adäquat agieren zu können.

Lernfeld 1.1 Theoretische Grundlagen in das altenpflegerische Handeln einbeziehen

Konzepte, Modelle und Theorien der Pflege

> Bearbeitungsschwerpunkte:
> - Begriffe, Definitionen
> - Pflegetheoretische Grundlagen der Altenpflege

Die Altenpflegeschülerinnen Nadja und Greta lernen Theorien

Nadja ist Altenpflegeschülerin im ersten Ausbildungsjahr. Wegen einer schweren Erkältung musste sie eine Woche das Bett hüten und hat dadurch den theoretischen Unterricht versäumt.
Während dieser Zeit wurden in der theoretischen Ausbildung im Lernfeld 1.1 die Themenschwerpunkte »Konzepte, Modelle und Theorien« besprochen.
Ihre Freundin und Mitschülerin Greta besucht Nadja und sagt: »Pass auf, ich habe da erst überhaupt nicht durchgeblickt. Konzepte, Modell, Theorien, das erschien mir alles gleich. Aber nun habe ich den Durchblick. Hier, ich habe folgende Struktur erarbeitet. Die kannst Du haben und danach lernen.«

> Bearbeitungshinweise:
> - Definieren Sie, wie Greta erst einmal grundsätzlich klärt: Was ist ein Konzept, ein Modell und eine Theorie?
> - Erklären Sie die jeweiligen Unterschiede.
> - Nennen Sie Beispiele aus der Pflege für ein Pflegekonzept, ein Pflegemodell und eine Pflegetheorie.
> - Nennen Sie bekannte Pflegetheoretikerinnen und geben Sie ihre entsprechenden Modelle und Kernaussagen wieder.

Lernbereich 1: Aufgaben und Konzepte in der Altenpflege

- Diskutieren Sie, inwieweit Theorien für die Praxis der Altenpflege tauglich sind.
- Führen Sie Beispiele an, wo Theorien die Menschheit weitergebracht haben.
- Erklären Sie an einem Beispiel aus dem Pflegealltag, wie nützlich die Anwendung eines Modells in der Praxis sein kann.

Lernfeld 1.1 Theoretische Grundlagen in das altenpflegerische Handeln einbeziehen

Handlungsrelevanz von Konzepten und Modellen der Pflege anhand konkreter Pflegesituationen

Bearbeitungsschwerpunkt:
- Die Bedeutung von Modellen und Konzepten im Pflegealltag

Nancy Roper kommt ins Krankenhaus

Nancy Roper wird als 62-jährige schwer krank und notfallmäßig in die Notfallambulanz eines amerikanischen Krankenhauses eingeliefert. Ihre Begleiterin ist voller Sorge und steht aufgeregt neben der Transportliege.

Die verantwortliche Pflegefachkraft nimmt die Begleiterin beiseite. Sie sagt: »Nancy Roper persönlich! Dass ich das erleben darf. Aber stellen Sie sich vor, wir pflegen hier nach dem Selbstpflegemodell nach Orem. Was sollen wir nun tun? Ob das Frau Roper wohl stören wird?«

Die Begleiterin entgegnet: »Nein, gewiss nicht. Frau Roper ist froh, wenn ihr geholfen wird.«[1]

---

[1] Ähnlich wurde die Situation tatsächlich auf dem Pflegetheoriekongress 1992 in Nürnberg von der Begleiterin von Nancy Roper erzählt, die zu Pflegetheorien und Modellen sprach.

Bearbeitungshinweise:
- Stellen Sie die Pflegemodelle von Roper und Orem dar und erklären Sie die unterschiedlichen Ansätze.
- Erklären Sie an Beispielen, wie mit beiden Modellen praktisch in der Altenpflege gearbeitet werden kann.

Beschreiben Sie eine Pflegesituation und wählen Sie ein Pflegemodell aus, das Sie für die praktische Altenpflege besonders geeignet halten. Begründen Sie Ihre Entscheidung.

Lernfeld 1.1 Theoretische Grundlagen in das altenpflegerische Handeln einbeziehen

Pflegeforschung und Umsetzung von Forschungsergebnissen

Bearbeitungsschwerpunkte:
- Die Bedeutung von Pflegeforschung und ihre Umsetzung
- Das AEDL-Modell

Monika Krohwinkel forschte

Professor Monika Krohwinkel ist Krankenschwester und Pflegeexpertin. Sie entwickelte anhand der Forschung an Schlaganfallpatienten in Deutschland das Pflegemodell der AEDL (»Aktivitäten und existenzielle Erfahrungen des Lebens«).
Im Laufe der Jahre hat sie ihr Modell weiterentwickelt und erweitert. Heute spricht Monika Krohwinkel von ihrem »Pflegekonzept«.

Lernbereich 1: Aufgaben und Konzepte in der Altenpflege

Bearbeitungshinweise:
- Erarbeiten Sie das AEDL-Modell und begründen Sie, warum dieses Modell so häufig in der Altenpflege Anwendung findet.
- Stellen Sie alle Elemente dar, die Monika Krohwinkel neben der direkten und indirekten Pflege beschrieben hat. Warum spricht sie heute nicht mehr von ihrem Modell, sondern von ihrem Konzept?
- Finden Sie heraus, ob es stimmt, dass Monika Krohwinkel heute von ihrem Konzept spricht.
- Finden Sie heraus, welche bedeutsamen Pflegeforschungen national und international durchgeführt werden und wurden.
- Beschäftigen Sie sich mit statistischen Begriffen und Einheiten, die in der Forschung angewendet werden.
- Erklären Sie den Unterschied von qualitativer und quantitativer Forschung und nennen Sie dazu Beispiele.
- Benennen Sie Inhalte, von denen Sie glauben, dass sie dringend erforscht werden sollten, um die Altenpflege als Beruf voranzubringen. Begründen Sie Ihre Meinung.

Lernfeld 1.1 Theoretische Grundlagen in das altenpflegerische Handeln einbeziehen

Gesundheitsförderung und Prävention

Bearbeitungsschwerpunkt:
- Die Bedeutung und Grenzen der Gesundheitsförderung und Prävention im Alter

Karl Jacobassa und Altenpflegerin Hiltrud haben verschiedene Vorstellungen

Karl Jacobassa ist ein 74-jähriger Patient einer geriatrischen Station im örtlichen Krankenhaus.

Lernfeld 1.1

Dieses Krankenhaus verfolgt ein neues Modellkonzept, nach dem das Pflegepersonal, das die Patienten stationär betreut, sie auch nach der Entlassung zu Hause weiter betreut.

Altenpflegerin Hiltrud nimmt voller Begeisterung an diesem Projekt teil. Sie betreut Karl Jacobassa, der seit 14 Tagen stationär wegen Diabetes mellitus, schwerer Blutzuckerentgleisungen und vieler Begleitsymptome behandelt wird. Karl Jacobassa ist nur wenig krankheitseinsichtig. Die Ernährungsberatung und die Verhaltensregeln zum Umgang bei Diabetes mellitus scheinen ihn wenig zu interessieren.

Trotzdem stabilisiert sich sein Zustand unter der medizinischen und pflegerischen Betreuung, so dass er entlassen wird.

Vier Tage später sucht Hiltrud Karl Jacobassa zu Hause auf. Was sie sieht, erschreckt sie: Karl Jacobassa scheint große Mengen hochprozentigen Alkohols zu sich genommen zu haben. Überall liegen leere Flaschen herum. Die Wohnung ist voller Qualm, da Karl Jacobassa unaufhörlich geraucht hat. Seine Ernährung scheint aus Fertigkuchen und Ravioli zu bestehen, da die leeren Verpackungen noch herumliegen.

Hiltrud ist entsetzt und verunsichert. Sie sagt: »Aber Herr Jacobassa, Sie haben doch bei uns im Krankenhaus gelernt, wie sie sich ernähren und verhalten sollen«.

Karl Jacobassa entgegnet gelassen: »Kindchen, hier bin ich zu Hause. Du kannst im Krankenhaus machen, was du willst. Aber hier habe ich das Sagen. Ich weiß schon, was für mich gut ist.«

Bearbeitungshinweise:
- Erklären Sie, was man unter Prävention versteht.
- Erklären Sie den Unterschied von Prävention und Rehabilitation.
- Beschreiben Sie, welche Bedeutung und Grenzen Prävention und Rehabilitation für die Altenpflege haben.
- Zählen Sie gesundheitsfördernde Verhaltensweisen auf, nach denen sich Menschen richten sollten.
- Versuchen Sie zu erklären, warum wir uns trotz unseres Wissens häufig nicht gesundheitsfördernd verhalten.
- Nehmen Sie Stellung: Welches Interesse sollten Kranken- und Pflegekassen an präventiven und gesundheitsfördernden Maßnahmen für alte Menschen haben und warum?

Lernbereich 1: Aufgaben und Konzepte in der Altenpflege

- Nennen Sie Grenzen, die sich zeigen, wenn wir andere Menschen zu gesundheitsförderndem Verhalten motivieren oder zwingen wollen?
- Wann sind die Grenzen für professionell tätiges Altenpflegepersonal erreicht, wenn es um die Beeinflussung des Verhaltens Pflegebedürftiger geht?
- Diskutieren Sie den Sinn und mögliche Auswirkungen von gesundheitsfördernden Maßnahmen auf alte Menschen.

Lernfeld 1.1 Theoretische Grundlagen in das altenpflegerische Handeln einbeziehen

Rehabilitation

Bearbeitungsschwerpunkt:
- Möglichkeiten und Bedingungen der Rehabilitation

Magda Schnepper ist ratlos

Magda Schnepper berichtet:
»Mein Mann, der Josef, hatte so einen schlimmen Schlaganfall und vorher war er noch so fit. Er ist doch erst 77 Jahre alt und nun liegt er da im Krankenhaus. Bisher kann er nur stundenweise raus in den Stuhl. Sein rechtes Bein und sein Arm sind gelähmt, sprechen kann er nicht und ständig weint er. Die Schwestern haben ihm eine Windel angezogen und essen will er nicht so recht. Wie soll das nur werden? Wie soll ich denn mit dem Josef fertig werden, wenn er nach Hause kommt? Wir wohnen im zweiten Stock und jeder weiß doch, dass man heute nicht lange im Krankenhaus bleiben darf. Muss mein Josef denn direkt nach Hause?«

Lernfeld 1.1

Bearbeitungshinweise:
- Beraten Sie Magda Schnepper umfassend darüber, welche Rehabilitationsmöglichkeiten für ihren Mann in Frage kommen könnten.
- Erklären Sie, welche Ziele die Rehabilitation verfolgt.
- Nennen Sie Formen der Rehabilitation.
- Wer ist Kostenträger von Rehabilitationsmaßnahmen?
- Nehmen Sie Kontakt zu Kostenträgern auf und klären Sie, welche Leistungen übernommen und welche abgelehnt werden.
- Diskutieren Sie die Möglichkeiten und Grenzen der Rehabilitation in der Altenpflege.

Lernfeld 1.1 Theoretische Grundlagen in das altenpflegerische Handeln einbeziehen

Biografiearbeit

Bearbeitungsschwerpunkt:
- Bedeutung biografischen Wissens

Der unwissende Sohn

Ein Sohn berichtet Ihnen: »Wissen Sie, eigentlich weiß ich nichts über meine Mutter. Ich wollte nichts wissen. Auch meinen Vater kenne ich nicht. Meine Mutter ist 1947 aus Königsberg geflüchtet, hierher nach Dresden. Ich wollte nie ein Flüchtlingskind sein. Und nun ist sie tot. Haben Sie noch etwas von Ihr erfahren? Sie waren doch ihre Pflegerin. Hier im Heim war sie gern. Den Eindruck hatte ich immer.«

Sergej ohne Vergangenheit

Sergej lebt seit sechs Jahren in einem Heim für erwachsene Behinderte. Von Sergej weiß man nichts. Er ist 64 Jahre alt und spricht kein Wort. Ins Heim kam er, weil ein Onkel ihn vor zehn Jahren mit nach Deutschland gebracht hat und sich nach dem Tod des Onkels niemand um Sergej kümmern konnte. Voriges Jahr kamen erstmals Verwandte zu Besuch, die nach Deutschland ausgesiedelt sind. Sie sagen: »Sergej hat früher Schreckliches erlebt. Er war in einem Heim und wurde misshandelt.«

Die ehemalige Pianistin

Babette von Osternheim lebt seit vier Jahren wegen schwerer Demenz in einem Heim für gerontopsychiatrisch veränderte Menschen. Sie ist 82 Jahre alt und kann weder Personen, Jahreszeiten, Uhrzeiten, Situationen noch Räume entsprechend zuordnen. Sie ist motorisch sehr unruhig und verweigert das Essen. Den einzigen Zugang findet das Personal zu ihr, wenn Babette von Osternheim klassische Musik hören kann. Das Personal spielt nun immer dann klassische Musik, wenn sich Babette von Osternheim beruhigen oder essen soll. Babette von Osternheim war früher Pianistin.

Bearbeitungshinweise:
- Vergleichen Sie die drei Fälle und versuchen Sie zu beschreiben, was die drei Biografien gemeinsam haben.
- Schildern Sie, welche Bedeutung die Biografie in der Erfassung von Daten in der Altenpflege hat.
- Erfassen und benennen Sie, was zu einer umfassenden Biografie gehört.
- Legen Sie anhand eines Beispiels unterschiedliche biografische Linien dar zur:
  - Wohnbiografie
  - Bildungsbiografie
  - Beziehungsbiografie
  - Berufsbiografie
  - Krankheitsbiografie
- Welche Grenzen gibt es bei der Erhebung von biografischen Daten?
- Schreiben Sie Ihre eigene Biografie nieder und überlegen Sie, warum Sie einige Dinge erwähnen, während Sie andere lieber auslassen.
- Schildern Sie drei Beispiele, an denen deutlich wird, wie wichtig eine biografieorientierte Pflege im Umgang mit alten Menschen ist.

Lernfeld 1.1 Theoretische Grundlagen in das altenpflegerische Handeln einbeziehen

Pflegerelevante Grundlagen der Ethik

Bearbeitungsschwerpunkt:
- Ethische Dimensionen im Pflegealltag

Altenpfleger Waldemar Suball hält es nicht mehr aus

»Ich halte es einfach nicht mehr aus.« So denkt Waldemar Suball, der seit zehn Jahren als Altenpfleger auf einer gerontopsychiatrischen Station in einem Pflegeheim arbeitet.

»Das schaffe ich nicht mehr. Immer diese alten Menschen. Vor allem Frau Zilkowski! Stundenlang versuche ich, ihr Nahrung einzuverleiben. Immer schlägt sie den Löffel weg. Keiner in der Station weiß, dass sie seit Wochen von mir nicht mehr genug Nahrung bekommt. Ich gebe ihr einfach nichts mehr. Und dann Herr Drechsel! Mich ekelt vor ihm, ich habe ihn schon viermal morgens gar nicht gewaschen, sollen das doch die anderen machen. Überhaupt, eigentlich bin ich nur noch freundlich zu den Bewohnern, wenn die Kollegen dabei sind. Wenn ich allein mit den Bewohnern bin, bin ich oft grob.«

Bearbeitungshinweise:
- Diskutieren Sie, welche Funktion das Gewissen hat.
- Erklären Sie, welches Anliegen die Ethik verfolgt.
- Finden Sie heraus, womit sich die Ethikkommission in Deutschland befasst.
- Beschreiben Sie die Dimension, die die Menschenwürde umfasst.
- Erarbeiten Sie mit Hilfe der Literatur ethische Grundregeln in der Altenpflege.
- Schildern Sie anhand eines Beispiels, wie Sie Ihr eigenes pflegerisches Handeln in ethischer Hinsicht begründen würden.

▶▶

- Nennen Sie Möglichkeiten, wie Sie Ihr eigenes pflegerisches Handeln verantwortlich reflektieren können.
- Beschreiben Sie, welche Verantwortung zur Wahrung des Menschenrechts Sie als Pflegekraft haben.
- Schildern Sie, wie Sie Waldemar Suball beraten würden, wenn Sie sein Verhalten und seine Gedanken kennen würden.

Lernfeld 1.2 Pflege alter Menschen planen, durchführen, dokumentieren und evaluieren

Prüfungsrelevantes Lernfeld! Mögliche Prüfungsfragen/-aufgaben

Wahrnehmung und Beobachtung

Bearbeitungsschwerpunkt:
- Wahrnehmung und Beobachtung als wesentliches Element der altenpflegerischen Arbeit

Altenpflegeschüler Niklas Demmer ist nicht bei der Sache

Niklas Demmer ist zurzeit als Altenpflegeschüler im zweiten Ausbildungsjahr im berufspraktischen Einsatz in der ambulanten Pflege tätig.

Niklas fühlt sich heute elend. Gestern Abend hat seine Freundin mit ihm Schluss gemacht. Niklas fühlt sich wie vor den Kopf gestoßen. Seine ganze Sympathie und Liebe gehören seiner Freundin. Er kann es nicht fassen, dass sie Schluss gemacht hat und hat die ganze Nacht geweint.

An diesem Morgen ist er mit der Pflege einer Diabetes-Patientin befasst. Er hat ihren Blutzuckerwert gemessen, bei der Körperpflege geholfen, das Frühstück gerichtet, Insulin gespritzt und die Daten dokumentiert. Der Blutzuckerwert war ziemlich niedrig. Niklas nimmt sich vor, darüber mit seiner Praxisanleiterin zu sprechen, die bereits zum Wagen gegangen ist.

Als sich Niklas von der Patientin verabschiedet, sagt diese noch: »Heute fühle ich mich gar nicht wohl.« Niklas geht auf die Äußerung nicht ein. Er verabschiedet sich und geht ebenfalls zum Wagen.

Auch ihm geht es schlecht. Seine Gedanken sind nur bei dem gestrigen Abend. Er kann es noch nicht fassen, dass ihn seine Freundin einfach verlassen will. Er ist erfüllt von Wut und Schmerz und so vergisst er, über den Blutzuckerwert und das Befinden der Patientin zu berichten.

Zwei Stunden später geht im Büro des ambulanten Pflegedienstes ein Notruf ein: Die Patientin hat eine schwere Hypoglykämie.

Bearbeitungshinweise:
- Schildern Sie, wie es beim Menschen, naturwissenschaftlich betrachtet, vom Reiz zur Reaktion kommt.
- Nennen Sie alle Sinnesleistungen, mit denen der Mensch Reize aufnehmen kann, die ihm zur Wahrnehmungsverarbeitung dienen.
- Berichten Sie ausführlich, welche Faktoren die Wahrnehmung und Beobachtung beeinflussen können.
- Schildern Sie Beispiele, bei denen die Wahrnehmung durch organische, emotionale bzw. psychische Einflüsse beeinträchtigt wurde.
- Nennen Sie häufige Sinnes- und Wahrnehmungsstörungen bei alten Menschen.
- Stellen Sie den systematischen Beobachtungsprozess dar und erklären Sie, wie bedeutsam die Einhaltung aller Schritte ist, bevor es zu einer Pflegehandlung kommt.
- Berichten Sie über die Bedeutung der Wahrnehmung und Beobachtung in der altenpflegerischen Arbeit.

Lernfeld 1.2 Pflege alter Menschen planen, durchführen, dokumentieren und evaluieren

Pflegeprozess

Bearbeitungsschwerpunkt:
- Der Pflegeprozess als Instrument der Problemlösung

Lernbereich 1: Aufgaben und Konzepte in der Altenpflege

Altenpflegeschülerin Sabine Erling lehrt

Sabine Erling macht die Ausbildung in der Altenpflege sehr viel Spaß. Theorie wie auch Praxis faszinieren sie und besonders viel Spaß bereiten ihr die verschiedenen Methoden in der Umsetzung der Lernfelddidaktik.

Ein neues Projekt steht an:

Da Sabine Erling bereits im dritten Ausbildungsjahr ist, soll sie, gemeinsam mit Mitschülern, den neuen Schülern im ersten Ausbildungsjahr eine Einführung zum Thema »Pflegeprozess« im Lernfeld 1.2 geben.

Sabine trifft sich heute mit der Arbeitsgruppe, um den Vortrag vorzubereiten.

Bearbeitungshinweise:
- Wie würden Sie vorgehen, wenn Sie diese Aufgabe umsetzen müssten?
- Vergleichen Sie den Pflegeprozess der WHO mit dem nach Fiechter und Meier.
- Erklären Sie den Pflegeprozess als Problemlösungsprozess.
- Stellen Sie das kybernetische Regelkreislaufmodell dar und erklären Sie, wieso dies die Grundlage für den Pflegeprozess bildet.
- Zeigen Sie anhand eines Beispiels aus dem Alltag, wie der Pflegeprozess der systematischen Problemlösung dienen kann.

Lernfeld 1.2 Pflege alter Menschen planen, durchführen, dokumentieren und evaluieren

Pflegediagnostik

Bearbeitungsschwerpunkt:
- Die Instrumente der Pflegebedarfserhebung

Mareike und die Fortbildung zum Thema »Pflegediagnostik«

»Das wesentlichste Element einer gelungenen Pflegebeziehung und einer vollständigen Pflegedokumentation ist eine umfassende und vollständige Pflegediagnostik. Je ausgewogener die Assessment-Verfahren sind, desto zielgerich-

teter können Sie arbeiten«, so lauten die Worte der Fachreferentin während der innerbetrieblichen Fortbildung zum Thema »Pflegediagnostik«.
Mareike nimmt als Altenpflegeschülerin an der Fortbildung teil und fühlt sich überfordert. Zuhause ordnet und definiert sie erst einmal alle Begriffe und arbeitet die folgenden verschiedenen Assessment-Verfahren aus.
Ihre Struktur sieht wie folgt aus:
Diagnostik/Pflegediagnostik
- Anamnese/Pflegeanamnese
- Assessment
- Assessment-Instrumente
- Erstgespräch, Informationserhebung
- Biografieorientierung
- Objektive und subjektive Datenerfassung
- Pflegeabhängigkeitsskalen
- Resident Assessment Instrument (RAI)
- Barthel-Index
- Mini-Mental-Status (MMS)

Bearbeitungshinweise:
- Definieren und erklären Sie die Begriffe, die Mareike ausgewählt hat.
- Benennen und erklären Sie weitere Assessment-Verfahren, die in der Altenpflege sinnvoll eingesetzt werden können.
- Beschreiben Sie, was das Ziel einer umfassenden Pflegebedarfserhebung ist.
- Schildern Sie mögliche Probleme und Gefahren, wenn die Pflegebedarfserhebung nicht sorgfältig durchgeführt wird. Schildern Sie hierzu ein Beispiel.
- Forschen Sie während Ihrer berufspraktischen Einsätze, welche Verfahren bei der Pflegebedarfserhebung angewendet werden.

Lernbereich 1: Aufgaben und Konzepte in der Altenpflege

Lernfeld 1.2 Pflege alter Menschen planen, durchführen, dokumentieren und evaluieren

Planung, Durchführung und Evaluation der Pflege

Bearbeitungsschwerpunkt:
- Die Elemente einer geplanten Pflege

Altenpflegeschüler Michael Reuter plant die Pflege

Michael Reuter hat mit Hilfe seiner Lehrerin die Schritte des Pflegeprozesses kennen gelernt und soll nun eine Pflegeplanung erstellen.
Bevor Michael während eines Praktikums eine Pflegeplanung zu einem Bewohner schreiben muss, wollen sie dies theoretisch einüben.
Vor ihm liegen ein Fallbeispiel und ein Aufgabenblatt, auf dem alle wichtigen Hinweise zur Struktur und zur Erstellung einer Pflegeplanung eingetragen werden sollen.

Bearbeitungshinweise:
- Nennen Sie alle wichtigen Kriterien, die bei der Erstellung einer Pflegeplanung beachtet werden müssen:
  - Pflegeprobleme
  - Ressourcen
  - Pflegeziele
  - Pflegemaßnahmen
  - Pflegebericht, Evaluation
- Erstellen Sie nun nach einem Fallbeispiel einen vollständigen Pflegeplan.
- Nennen Sie Gründe, warum die Pflege im praktischen Alltag geplant werden soll.
- Schildern Sie die juristische Notwendigkeit der geplanten Pflege.
- Benennen Sie alle Teile, die zu einer vollständigen Pflegedokumentation gehören und erklären Sie die Funktion einer Pflegedokumentation.
- Berichten Sie anhand eines Beispiels, wie es zu Pflegefehlern kam, weil kein Pflegeplan vorlag und das Personal unterschiedliche Maßnahmen angewendet hat.

Lernfeld 1.2 Pflege alter Menschen planen, durchführen, dokumentieren und evaluieren

Grenzen der Pflegeplanung

> **Bearbeitungsschwerpunkt:**
> - Vor- und Nachteile der geplanten Pflege

Schwester Mathilde weiß, wie es geht

Schwester Mathilde ist Krankenschwester und arbeitet seit 15 Jahren in einem privaten Altenheim. Sie hat vor 38 Jahren ihre Ausbildung gemacht und ist wieder in den Beruf eingestiegen, als ihre Kinder selbstständig waren.
Erst seit wenigen Wochen bildet das Altenheim auch Altenpflegeschüler aus. Die Schüler, die nun ins Haus kommen, müssen alle eine prozessorientierte Pflegeplanung erstellen. Schwester Mathilde ist gegen diesen ganzen Schreibkram. Auch die Vorgaben des MDK und der Heimaufsicht nerven sie.
»Immer mehr Bürokratie. Wir sollen nur noch schreiben und am Ende haben wir gar keine Zeit mehr für unsere Bewohner. Man müsste sich viel mehr dagegen wehren, aber es unternimmt ja keiner was. Was glauben Sie, wie häufig ich blitzschnell reagieren muss? Da brauche ich keinen Pflegeplan«, behauptet sie.

> **Bearbeitungshinweise:**
> - Nennen Sie Probleme, die im praktischen Alltag häufig genannt werden, wenn es um die geplante Pflege und das Erstellen von Pflegeplänen geht.
> - Wie beurteilen Sie das Verhalten von Schwester Mathilde?
> - Führen Sie Argumente an, die Schwester Mathilde veranlassen könnten, sich an der Pflegeplanung zu beteiligen.
> - Nennen Sie Beispiele oder Situationen, in denen das konsequente Vorgehen nach den Schritten der Prozesspflege schädlich und falsch wäre.
> - Schildern Sie mögliche Nachteile, wenn in der Praxis ausschließlich nach der Struktur der geplanten Pflege gearbeitet wird.
> - Erarbeiten Sie Ideen und Methoden, um den bürokratischen Aufwand im beruflichen Alltag zu minimieren.

Lernbereich 1: Aufgaben und Konzepte in der Altenpflege

Lernfeld 1.2 Pflege alter Menschen planen, durchführen, dokumentieren und evaluieren

Pflegedokumentation, EDV

Bearbeitungsschwerpunkt:
- Vor- und Nachteile von EDV-Programmen

Projektidee: Elektrische Datenverarbeitung in der Pflege

Altenpflegeschülerinnen im zweiten Ausbildungsjahr arbeiten während eines dreitätigen Projekts an dem Thema »Elektronische Datenverarbeitung in der Pflege«.

Sie haben im Internet recherchiert, während der Praxiseinsätze gezielt EDV-Programme getestet und heute zwei Firmen eingeladen, die Software für den stationären und ambulanten Pflegealltag vertreiben und den Auszubildenden nun vorstellen.

Zum Ende des Projektes sollen die Schüler folgende Fragen geklärt haben:

Bearbeitungshinweise:
- Gelingt es Ihnen, sich einen Überblick über Anbieter und Systeme von Softwarelösungen für ambulante und stationäre Pflegeeinrichtungen zu verschaffen?
- Können Sie Vor- und Nachteile benennen, wenn die Datenverwaltung EDV-gestützt organisiert ist?
- Sehen Sie juristische Probleme bei der Benutzung von EDV-gestützter Datenverwaltung in der ambulanten und stationären Pflege?
- Können Sie sich für eine Software entscheiden, die Sie bevorzugen würden? Begründen Sie Ihre Entscheidung.

Lernfeld 1.3 Alte Menschen personen- und situationsbezogen pflegen

Prüfungsrelevantes Lernfeld! Mögliche Prüfungsfragen/-aufgaben

Pflegerelevante Grundlagen, insbesondere der Anatomie, Physiologie, Geriatrie, Gerontopsychiatrie, Psychologie, Arzneimittelkunde, Hygiene und Ernährungslehre

Bearbeitungsschwerpunkt:
Orientierung in der Lernfelddidaktik und im Lernfeld 1.3

Altenpflegeschülerin Magdalene Chaminski blickt nicht durch

Magdalene Chaminski, 17 Jahre alt, berichtet ihrer Freundin: »Heute haben wir ja die Ausbildung in der Altenpflege begonnen. Das war ganz schön aufregend. Total interessante Leute in dem Kurs. Und die Lehrer erst, ich kann dir sagen, das kann ja was geben!

Wir haben auch unseren Lehrplan bekommen, aber da blick ich überhaupt nicht durch.

Anstelle von Fächern stehen da Lernfelder. Schau mal, hier ... bei den Begriffen soll noch einer klar kommen! Und hier im Lernfeld 1.3 stehen dann wieder Fächer. Kannst Du mir das erklären? Wie soll das denn in der Prüfung laufen?«

Bearbeitungshinweise:
- Diskutieren Sie mit Ihren Dozenten die Lernfeldsystematik.
- Verschaffen Sie sich gemeinsam mit Ihren Dozenten einen Überblick über die ausbildungsrelevanten Fächer und Fachgebiete.
- Lernen Sie die relevanten Inhalte und Dimensionen der o. g. Fächer kennen und ordnen Sie sie in die Lernfeldsystematik ein.
- Überlegen Sie, wie Sie Ihre Unterlagen sammeln und strukturieren. Legen Sie lernfeldorientierte Mappen/Ordner an.

▶▶

Lernbereich 1: Aufgaben und Konzepte in der Altenpflege

- Analysieren Sie anhand eines Falls die erforderlichen Fächer und erarbeiten Sie die relevanten Fachinhalte.
- Bedenken Sie: Sie werden auch im jeweiligen Lernfeld geprüft! Stellen Sie anhand der Ausbildungs- und Prüfungsordnung fest, in welchen Lernfeldern Sie praktisch, schriftlich und mündlich geprüft werden.
- Erarbeiten Sie mögliche Prüfungsaufgaben für die schriftliche und mündliche Prüfung für das Lernfeld 1.3.

Lernfeld 1.3 Alte Menschen personen- und situationsbezogen pflegen

Unterstützung alter Menschen bei der Selbstpflege

Bearbeitungsschwerpunkt:
- Die Bedeutung des Selbstpflegepotenzials

Adelheid Passung fühlt sich fremdbestimmt

Adelheid Passung, 70 Jahre alt, lebt seit drei Tagen im Altenheim in der Wohnstation.

Sie hat den Aufenthalt dort selber gewünscht, da sie gemerkt hat, dass sie sich allein nicht mehr gut versorgen kann. Ihr Ehemann ist vor zwei Jahren verstorben. Das Einkaufen, die Körperpflege und das Kochen fielen ihr immer schwerer. Außerdem war sie zu Hause häufiger gestürzt.

Adelheid Passung war gern selbstständig und der Einzug ins Heim bedeutet für sie einen schrecklichen Verlust. »Nun bin ich nur noch auf andere angewiesen, das ist für mich schrecklich«, sagt sie Ihnen bei der Befragung zur Biografie.

Sie gibt an, dass sie wegen ihrer Hypertonie und ihrer schweren Varikosis hin und wieder ihren Hausarzt aufgesucht hat.

Auf dem Weg zum Speisesaal hören Sie, wie Adelheid Passung zu einer Mitbewohnerin sagt: »Ich weiß gar nicht, wie ich mich verhalten soll. Die machen hier immer einfach alles. Heute Morgen hat mich eine Pflegerin einfach gewaschen, von oben bis unten. Das passt mir aber nicht. Das kann ich doch noch selber. Aber wenn man denen hier was sagt, dann sind die doch sicher eingeschnappt.«

Bearbeitungshinweise:
- Erarbeiten Sie, welche Bedeutung das Selbstpflegepotenzial für junge und alte Menschen hat.
- Berichten Sie anhand von Beispielen, wie Menschen ihr Selbstpflegepotenzial zunehmend verloren haben, was die Gründe dafür waren und was sich dadurch für die Betroffenen verändert hat.
- Planen Sie ein Informations- und Beratungsgespräch für Adelheid Passung, um ihre Selbstpflegeaktivitäten zu erhalten und/oder zu verbessern.
- Dokumentieren Sie die Ergebnisse und Planungsinhalte schriftlich in der Pflegedokumentation.
- Überlegen Sie, wie Sie im Team die Problematik erörtern würden.

Lernfeld 1.3 Alte Menschen personen- und situationsbezogen pflegen

Bearbeitungsschwerpunkte:
- Der Wunsch nach Selbstpflege
- Mögliche Folgen, wenn das Selbstpflegepotenzial nicht beachtet wird

Frau Schnippering und Frau Erler unterhalten sich

Frau Schnippering: »Also, seit ich hier wohne, habe ich ja so zugenommen! Keine Bewegung und immer das gleiche Essen. Immer die Brötchen morgens und der Kuchen nachmittags. Früher habe ich gern Vollkornbrot gegessen und Obst und Gemüse aus meinem Garten.«

Frau Erler: »Ja, mir geht es genauso. Ich bin das Essen hier auch leid. Aber meine Enkelin bringt mir ja zweimal die Woche mit, was ich will. Wenn ich die nicht hätte …«

Frau Schnippering: »Ich habe auch schon mal überlegt, ob man hier nicht in der Küche mitarbeiten kann. Dann würde ich denen mal klar machen, was gesundes Essen ist.«

Frau Erler: »Das würde ich an Ihrer Stelle besser lassen. Das hat hier schon mal eine versucht. Der hat man gesagt, das sei unhygienisch. Das hat richtig Ärger gegeben!«

Lernbereich 1: Aufgaben und Konzepte in der Altenpflege

Heute Morgen hat Frau Schnippering nichts essen wollen, ihr Unterbauch schmerzt und sie hat seit vier Tagen nicht abgeführt. Der Hausarzt hat nach telefonischer Rücksprache einen Reinigungseinlauf angeordnet.

Bearbeitungshinweise:
- Diskutieren Sie in der Gruppe, welche Bedeutung das Selbstpflegepotenzial für einen Menschen hat.
- Schildern Sie mögliche Gründe, warum alten Menschen häufig selbstständiges Handeln entzogen wird.
- Überlegen Sie, warum die beiden Damen sich mit ihrem Wunsch nicht an das Pflegepersonal wenden.
- Reflektieren Sie Ihre eigene Einstellung zu selbstständigem Handeln.
- Klären Sie, inwieweit Heimbewohner in Pflegeeinrichtungen gewünschte Mitsprache üben können.
- Nennen Sie praktische Beispiele, wo alte Menschen in Pflegesituationen Mitsprache praktizieren.

Lernfeld 1.3 Alte Menschen personen- und situationsbezogen pflegen

Unterstützung alter Menschen bei präventiven und rehabilitativen Maßnahmen

Bearbeitungsschwerpunkte:
- Prävention und Rehabilitation
- Hemiplegie
- Urininkontinenz
- Aphasie, Neglect
- Stimmungsschwankungen

Margarete Stollweg und die geplante Rehabilitation

Margarete Stollweg, 70 Jahre alt, musste vor vier Wochen wegen eines schweren Hirninfarkts ins Krankenhaus.

Die Krankenhausbehandlung war wenig erfolgreich und Margarete Stollweg wurde nach vier Wochen zur Anschlussheilbehandlung in eine Rehaklinik entlassen.

Bei der Übergabe an die Altenpflegerin der Pflegestation der Rehaklinik wurden folgende Informationen gegeben:
- Frau Stollweg leidet an einer Hemiparese rechts, einer Urininkontinenz, einer schweren globalen Aphasie, einer depressiven Verstimmung sowie einer Faszialisparese rechts. Vor allem das Verstehen von Sätzen bereitet ihr Probleme.
- Sie kann nur mit Äußerungen wie: »Haffs, kalfs, musste, kein ...« antworten.
- Frau Stollweg kann stehen und wenige Schritte mit Hilfe gehen.
- Sie leidet unter einem mittelschweren Neglect und muss im Bett immer noch fachgerecht gelagert werden.
- Bei Versuchen der Mobilisation weint sie und wendet sich ab.

Bearbeitungshinweise:
- Definieren und unterscheiden Sie anhand des Falles von Margarete Stollweg, was präventive und rehabilitative Maßnahmen sind.
- Erstellen Sie für Margarete Stollweg einen professionellen Pflegeplan.
- Erstellen Sie für Margarete Stollweg einen professionellen und der Situation entsprechenden Rehabilitationsplan. Wie unterscheiden sich Pflege- und Rehabilitationsplan voneinander?
- Nehmen Sie Stellung: Unterscheidet sich Rehabilitation für junge und für alte Menschen und wonach richten sich mögliche Unterschiede?
- Welche Berufsgruppen werden mit in den Rehabilitationsplan aufgenommen?
- Klären Sie, wer die Kostenübernahme für den Aufenthalt in der Rehaklinik übernimmt, indem Sie Informationen bei den Versicherungsträgern einholen.

Lernbereich 1: Aufgaben und Konzepte in der Altenpflege

Lernfeld 1.3 Alte Menschen personen- und situationsbezogen pflegen

Bearbeitungsschwerpunkt:
- Rehabilitation und Rezidivprophylaxe nach Hirninfarkt

Anne Lehrte möchte selbständig sein

Vor vier Wochen musste Anne Lehrte, die bislang noch aktiv, fit und eigenständig im Appartementbereich des betreuten Wohnens gelebt hat, wegen eines schweren Hirninfarkts ins Krankenhaus.

Die Krankenhausbehandlung war zum Teil erfolgreich und Anne Lehrte wurde nach vier Wochen ins Heim entlassen. Doch ihr Ziel ist es, ihr Appartement wieder eigenständig bewohnen zu können.

Bei der Übergabe an die Altenpflegerin der Pflegestation des Altenheims wurden folgende Informationen gegeben:
- Frau Lehrte leidet an einer Hemiparese rechts, einer Urininkontinenz, einer Aphasie, einer depressiven Verstimmung sowie einer Faszialisparese rechts.
- Frau Lehrte ist so weit mobilisiert, dass sie mit Hilfe am Waschbecken gewaschen werden kann.

Bearbeitungshinweise:
- Erarbeiten Sie für Anne Lehrte ein professionelles und realistisches Rehabilitationsprogramm in sinnvoll aufeinander aufgebauten Schritten.
- Benutzen Sie hierzu das Bobath-Konzept und erklären Sie Anne Lehrte die Grundsätze und Schwerpunkte des Konzepts.
- Üben Sie im Rollenspiel das Gespräch mit Anne Lehrte, indem Sie ihr das Bobath-Konzept und den Rehabilitationsplan erklären.
- Leiten Sie in einer fachpraktischen Übung Anne Lehrte im Handling nach Bobath an, z. B. zur Körperpflege oder zum Ankleiden.
- Beschreiben Sie die professionelle Rezidivprophylaxe nach Hirninfarkt.

Lernfeld 1.3 Alte Menschen personen- und situationsbezogen pflegen

Mitwirkung bei geriatrischen und gerontopsychiatrischen Rehabilitationskonzepten

> Bearbeitungsschwerpunkt:
> - Geriatrische Rehabilitation nach Hirninfarkt

Erich Wolkenstein war wie vom Schlag getroffen

Erich Wolkenstein, 70 Jahre alt, lebt seit drei Monaten im Altenheim in der Wohnstation. Er hat den Aufenthalt in der Wohnstation selber gewünscht, da er gemerkt hat, dass er sich nicht mehr so gut versorgen kann. Seine Ehefrau ist vor zwei Jahren verstorben. Er war von Beruf Krankenpfleger. Das Einkaufen und das Putzen fielen ihm besonders schwer. Er lebte in der dritten Etage einer Mietwohnung.

Erich Wolkenstein hat fünf Kinder, die ihn kaum besuchen. Seine Kinder sind berufstätig und in ihren Berufen sehr eingespannt.

Bislang hat sich Erich Wolkenstein immer wohl gefühlt und sich nach eigenen Aussagen auch an das Leben und den veränderten Lebensrhythmus im Altenheim gewöhnt.

Vor drei Wochen musste er ins Krankenhaus. Bei der Geburtstagsfeier einer Mitbewohnerin fiel er wie vom Schlag getroffen von seinem Stuhl und war bewusstlos. Der sofort benachrichtigte Notarzt diagnostizierte einen Apoplex mit Hemiparese rechts.

Die Krankenhausbehandlung war erfolgreich, so dass eine Rehabilitationsbehandlung vorgesehen werden kann. Erich Wolkenstein ist bereits in der Mobilisationsphase und sein Bewusstseinszustand ist wieder voll hergestellt. Sekundärerkrankungen sind während des Krankenhausaufenthaltes nicht aufgetreten.

Heute wird Erich Wolkenstein aus dem Krankenhaus entlassen. Bei der Übergabe an die Altenpflegerin des Altenheimes werden folgende Informationen weitergegeben:
- Hemiparese rechts, Urininkontinenz, Aphasie, depressive Verstimmung, meist weinerlich.

Lernbereich 1: Aufgaben und Konzepte in der Altenpflege

- Herr Wolkenstein ist Linkshänder.
- Herr Wolkenstein ist 186 cm groß und wiegt 92 kg.
- Herr Wolkenstein ist so weit mobilisiert, dass er mit Hilfe am Waschbecken gewaschen werden kann. Zu den Mahlzeiten sitzt er in einem Lehnsessel.
- Während des Krankenhausaufenthaltes haben ihn seine Kinder regelmäßig besucht.

Erich Wolkenstein wird nun in die Pflegestation des Altenheims verlegt. Ein Termin zum stationären Rehabeginn ist durch die Sozialarbeiterin des Krankenhauses bereits mit der Rehabilitationsklinik abgestimmt. Erich Wolkenstein wird zur Überbrückung der zehntägigen Wartezeit in das Altenheim zurückverlegt.

Bearbeitungshinweise:
- Erklären Sie den organisatorischen Ablauf von einem Krankheitsfall bis hin zum Abschluss einer Rehabilitation.
- Nennen Sie die Kostenträger der Rehabilitation.
- Nennen Sie Einrichtungen, in denen geriatrische Rehabilitationen durchgeführt werden können.
- Erklären Sie den Unterschied zwischen Therapie und Rehabilitation.
- Nennen Sie die Voraussetzungen für eine geriatrische Rehabilitation.
- Schildern Sie alle Berufs-Personengruppen, die an einer gelungenen Rehabilitation beteiligt sind.
- Schildern Sie, wie Sie den Rehabilitationserfolg von Erich Wolkenstein prognostizieren.

Lernfeld 1.3 Alte Menschen personen- und situationsbezogen pflegen

Umgang mit Hilfsmitteln und Prothesen

Bearbeitungsschwerpunkt:
- Umgang mit dem Hörgerät

Arthur Rohleff ist unsicher

Arthur Rohleff, 76 Jahre alt, lebt seit sechs Monaten im Altenheim. Nachdem seine Frau verstorben war, hat er noch ein Jahr allein im gemeinsamen Einfamilienhaus gelebt, bis er es dann verkaufte, weil er keine Erben hat. Die Arbeit und die Versorgung wurde ihm allein zu viel.

Obwohl er sich selber zum Heimaufenthalt entschlossen hatte, eigentlich auch gern gekommen ist und sich außerdem recht guter Gesundheit erfreut, lebt er seit drei Monaten sehr zurückgezogen und verlässt nur selten sein Zimmer. Auch zu Aktivitäten in Gesellschaft ist er nur schlecht zu bewegen, obwohl er vor der Aufnahme ausdrücklich danach gefragt hat. Ein Mitbewohner erzählt vor kurzem im Schwesternzimmer: »Der Rohleff, der ist doch nicht mehr ganz richtig im Kopf. Das habe ich ihm auch gesagt. Wenn man den was fragt, dann antwortet der irgendeinen Quatsch.«

Durch diese Äußerungen werden die Pflegerinnen der Station auf Arthur Rohleff aufmerksamer. Sie bemerken, dass er auf Fragen mit sehr unsicheren Blicken reagiert, besonders wenn er den Mund des Sprechenden nicht sehen kann. Er antwortet sehr zögernd und nicht immer sinnvoll. Eine Pflegerin hat Arthur Rohleff in einem Gespräch dazu bewegt, mit ihr den Ohrenarzt aufzusuchen. Die Untersuchung ergibt eine starke Hörbeeinträchtigung. Ein Termin beim Akustiker wird bestellt, und Arthur Rohleff wird versichert, dass er demnächst wieder besser am Leben teilhaben kann.

Auf diese Neuigkeiten reagiert er abwehrend: »So ein kleines Fummelding. Da werde ich nicht mit fertig. Und die piepsen doch auch immer. Dann werden die mich im Heim erst recht auslachen.«

> **Bearbeitungshinweise:**
> - Nennen Sie Regeln im Umgang mit schwerhörigen alten Menschen.
> - Benennen Sie typische körpersprachliche Signale und Verhaltensweisen von alten Menschen mit Schwerhörigkeit.
> - Erklären Sie, warum alte Menschen sensibler auf die eigene zunehmende Schwerhörigkeit reagieren als z. B. Kinder, die schwerhörig sind.
> - Schildern Sie, welche technischen Hörhilfen es gibt.
> - Wie würden Sie Arthur Rohleff zur Benutzung des Hörgerätes motivieren? Schildern Sie Ihr Vorgehen.
> - Nennen Sie Grundsätze im Umgang mit technischen Hörhilfen.
> - Leiten Sie Arthur Rohleff im Umgang mit dem Hörgerät an.
> - Erklären Sie Arthur Rohleff die typischen Störungen bei Hörgeräten und erklären Sie die Ursachen und Abhilfen.

Lernfeld 1.3 Alte Menschen personen- und situationsbezogen pflegen

Pflege alter Menschen mit eingeschränkter Funktion von Sinnesorganen

> **Bearbeitungsschwerpunkte:**
> - Mögliche Folgen von Altersschwerhörigkeit
> - Möglicher Umgang mit Alterschwerhörigkeit

Roland Polanski hört schwer

Roland Polanski, 79 Jahre alt, wurde gestern nach einer Appendektomie aus dem Krankenhaus in seine Zweizimmerwohnung entlassen, die er als Witwer allein bewohnt.

Im Krankenhaus war es immer wieder zu schwierigen und unschönen Situationen gekommen, da Roland Polanski schwer hört. Das Pflegepersonal vermutete schon, dass er verwirrt ist.

Beim heutigen Besuch durch die Altenpflegerin der Sozialstation sucht Roland Polanski verzweifelt die Batterien für sein Hörgerät. Doch weder das Hörgerät noch die Batterien sind aufzufinden.

Als die Altenpflegerin sagt: »Herr Polanski, ich schau mal nach dem Verband«, antwortet Roland Polanski ungehalten: »Was sagen Sie? Natürlich bin ich Ihnen bekannt! Sie waren doch erst gestern hier.«

Bearbeitungshinweise:
- Versuchen Sie sich in die Situation von Roland Polanski zu versetzen, indem sie in einer Übung auf Fragen nicht entsprechende Antworten geben.
- Achten Sie auf die Reaktionen Ihrer Mitmenschen, wenn Ihre Antworten nichts mit dem Inhalt der Frage zu tun haben.
- Erörtern Sie mögliche Probleme, die sich ergeben können, wenn Roland Polanski weiterhin schwer hört.
- Erarbeiten sie einen Plan, mit dem Roland Polanski geholfen wird.

Lernfeld 1.3 Alte Menschen personen- und situationsbezogen pflegen

Bearbeitungsschwerpunkt:
- Operative Hilfe beim Grauen Star

Otto Ottershagen sieht wie durch Nebel

Otto Ottershagen lebt seit fünf Jahren im betreuten Wohnen neben einem Altenheim. Er bewohnt sein Appartement zusammen mit einem anderen Herrn, mit dem er befreundet ist.

Otto Ottershagen ist 74 Jahre alt und für sein Alter ausgesprochen fit, nur mit dem Sehen hat er zunehmend Probleme. Zusammen mit seinem Freund ist er fast täglich in der Stadt, unternimmt öfter kleine Ausflüge und singt im städtischen Männergesangsverein. Wo Otto Ottershagen ist, herrscht immer gute Laune.

Lernbereich 1: Aufgaben und Konzepte in der Altenpflege

Damals, vor fünf Jahren, hat er selbst auf den Umzug ins betreute Wohnen gedrängt, nachdem seine Frau plötzlich verstorben war. »Ich will doch nicht meinen Kindern zur Last fallen. Die haben tolle Berufe. Mein Junge ist Architekt, und meine Tochter hat eine prima Beamtenstelle beim Finanzamt. Die sollen ihr Leben genießen, das habe ich auch immer getan.«

Otto Ottershagen weiß seit drei Jahren, dass seine Sehschwäche durch einen Grauen Star bedingt ist. Vor allem in den letzten vier Monaten war das Sehen für ihn nicht mehr zufrieden stellend. »Ich sehe wie durch einen Nebel. Alles verschwommen und immer bin ich geblendet. Und die Starbrille von dem Augenarzt, das ist nichts für mich.«

Otto Ottershagen hat sich beim Augenarzt über die Kataraktoperation aufklären lassen und sich dazu entschlossen. Er berichtet: »Erst lasse ich mir das eine und später das andere Auge operieren, und dann kommt da so eine Plastiklinse rein, und dann wollen wir mal gucken, wer hier überhaupt die Schönste ist.« Geplant ist die stationäre Aufnahme in die Augenabteilung des 30 km entfernt liegenden Krankenhauses für nächste Woche Mittwoch.

Otto Ottershagen hat Sie gebeten, sich nach der Operation um ihn zu kümmern.

Bearbeitungshinweise:
- Schildern Sie die kommunikative Bedeutung des Sehens.
- Erklären Sie, welche Veränderungen am Auge entstehen, wenn ein Grauer Star diagnostiziert wurde ist.
- Benennen Sie mögliche Einschränkungen und Verhaltensweisen, die alte Menschen erleben, wenn sie Sehschwächen entwickeln.
- Erklären Sie das operative Vorgehen bei der Kataraktoperation.
- Schildern Sie, welche Hilfen Otto Ottershagen nach der Operation benötigt.

Lernfeld 1.3 Alte Menschen personen- und situationsbezogen pflegen

Pflege alter Menschen mit Behinderung

Bearbeitungsschwerpunkte:
- Behinderung erleben
- Vorfußamputation
- Adipositas

Albert Spanier fühlt sich als Krüppel

Albert Spanier ist 68 Jahre alt und lebt seit drei Jahren im Altenheim auf der Wohnstation. Er konnte sich allein nicht mehr versorgen und wollte ins Heim. Seine Kinder besuchen ihn regelmäßig und auf diese Tage freut er sich immer sehr.

Vor 20 Jahren wurde bei ihm ein Diabetes mellitus diagnostiziert und Albert Spanier ist seit fünf Jahren insulinpflichtig. Zunehmende Durchblutungsstörungen in den Beinen bereiten ihm große Schmerzen.

Albert Spanier ist zunehmend frustriert und lustlos. Nur das Essen scheint ihm noch Freude zu bereiten. Im letzten Jahr hat er 15 kg zugenommen. Er wiegt 98 kg bei 1,72 m Körpergröße.

Vor vier Wochen wurde sein rechter Vorfuß wegen einer Zehengangrän im Krankenhaus amputiert.

Seit fünf Tagen ist Herr Spanier wieder im Altenheim. Er hat Angst zu fallen und möchte nicht aufstehen. Bei Versuchen der Altenpflegerin, ihm bei der Mobilisation zu helfen, sagt er: »Lass mich in Ruhe. Ich bin doch nur noch ein Krüppel.«

Lernbereich 1: Aufgaben und Konzepte in der Altenpflege

Bearbeitungshinweise:
- Definieren Sie den Begriff »Behinderung« und diskutieren Sie in der Gruppe, ab wann ein Mensch behindert ist oder als behindert gilt.
- Überlegen Sie, ob Sie sich selber als behindert fühlen oder schon mal gefühlt haben.
- Nehmen Sie Kontakt auf mit der bundesweiten Arbeitsgemeinschaft Hilfe für Behinderte.
- Nennen Sie häufige Behinderungen, die alte Menschen betreffen.
- Nennen Sie unterschiedliche Kompensationsmöglichkeiten von jungen und alten Menschen, um mit Behinderungen leben zu lernen.
- Nennen Sie Unterstützungen, die alte Menschen benötigen, um mit Behinderungen leben zu lernen. Schildern Sie dies an drei Beispielen.
- Überlegen Sie, welche Maßnahmen Albert Spanier zu mehr Lebensqualität und Zufriedenheit verhelfen könnten.

Lernfeld 1.3 Alte Menschen personen- und situationsbezogen pflegen

Pflege alter Menschen mit akuten und chronischen Erkrankungen

Bearbeitungsschwerpunkte:
- Chronische Herzinsuffizienz
- Beginnendes Lungenödem
- Akute Atemnot
- Bilanzierte Infusionstherapie, forcierte Diurese
- Suprapubischer Blasenverweilkatheter
- Todesangst
- Ärztliche Verordnungen durchführen/Lernfeld 1.5

Lernfeld 1.3

Werner Utter ringt nach Luft

Werner Utter, 78 Jahre alt, ist Ihnen durch häufige stationäre Krankenhausaufenthalte in Ihrer geriatrischen Abteilung bekannt.

Er leidet an einer schweren chronischen Linksherzinsuffizienz und wurde deswegen mehrfach behandelt. Beim letzten Krankenhausaufenthalt wurde ein suprapubischer Blasenverweilkatheter eingelegt. Ursache dafür ist eine massive Prostatavergrößerung, die Werner Utter nicht operieren lassen will. Der ständige Harndrang und die großen Probleme beim Wasserlassen sind für ihn eine Qual.

Sie haben in der Vergangenheit die Pflegepläne für Werner Utter erstellt und ihn bei der Entlassung zu seinen Verhaltensweisen wie Medikamenteneinnahme, Ausscheidung, kräfteschonende Aktivitäten und Ernährung beraten.

Nun wird Werner Utter notfallmäßig eingeliefert. Ihnen zeigt sich folgendes Bild:

Werner Utter hat akute Atemnot mit ausgeprägter Erstickungsangst. Mit Hustenstößen gibt er einen schaumigen Auswurf frei. Brodelnde Rasselgeräusche sind zu hören. Er ist nass geschwitzt, sehr tachykard und hat Zeichen einer Zyanose.

Der Arzt verordnet eine sofortige Herz entlastende Lagerung, hoch dosierte Sauerstoffgabe (8 Liter/Minute) über die Maske, eine forcierte Diurese mit Lasix, eine bilanzierte Infusionstherapie sowie eine engmaschige Vitalzeichenkontrolle.

Bearbeitungshinweise:

- Beschreiben Sie, welche Beratungsinhalte Werner Utter nach dem letzten Krankenhausaufenthalt empfohlen wurden.
- Erarbeiten Sie das Krankheitsbild »Herzinsuffizienz« und die entsprechende Pflege.
- Üben Sie die notwendigen akuten Pflegemaßnahmen in fachpraktischen Übungen.
- Beschreiben Sie die momentane Befindlichkeit von Werner Utter.
- Erstellen Sie einen Pflegeplan für Werner Utter für die Situation nach dem Notfall.

Lernbereich 1: Aufgaben und Konzepte in der Altenpflege

Lernfeld 1.3 Alte Menschen personen- und situationsbezogen pflegen

Bearbeitungsschwerpunkte:
- Paralytischer Ileus
- Herzinsuffizienz
- Infusionstherapie
- Legen einer transnasalen Magensonde
- Lebensbedrohliche Situation
- Patientenverfügung
- Ärztliche Verordnungen durchführen/Lernfeld 1.5

Martha Pruss erbricht Stuhl

Martha Pruss, 82 Jahre, wird heute notfallmäßig in die geriatrische Station des Krankenhauses eingeliefert. Sie übernehmen als diensthabende/r Altenpfleger/in die Pflege und Verantwortung der Patientin.

Martha Pruss hat zu Hause mehrmals Stuhl erbrochen und der Notarzt hat sie mit Verdacht auf paralytischen Ileus eingewiesen. Martha Pruss klagt nach Aussagen der Schwiegertochter, die sie begleitet, über starke Schmerzen im Bauchraum. Zurzeit ist sie somnolent, antwortet jedoch, wenn man sie anspricht. Das Abdomen ist stark gebläht. Es sind keinerlei Darmgeräusche hörbar.

Die Schwiegertochter zeigt alle Medikamente, die Martha Pruss schon seit Jahren einnimmt: Digitalis, ein Diuretika, Kalium und ein Antiarrhythmika.

Die Schwiegertochter berichtet: »Das Herz meiner Schwiegermutter ist schwach. Außerdem hat sie schon vor Jahren in einer Patientenverfügung veranlasst, dass sie keinerlei lebensverlängernde Maßnahmen akzeptiert, wenn sie ernsthaft krank wird. Viel wichtiger sind ihr die Sakramente der katholischen Kirche. Sie ist sehr gläubig.« »Soll ich Ihnen das Papier von daheim holen?«, fragt sie Sie.

Die Maßnahmen: eine transnasale Magensonde und ein Darmrohr zur Entlastung sowie eine Infusionstherapie. Außerdem werden intravenös Antibiotika verordnet.

Die Ärzte vermuten nach durchgeführter Sonografie eine Peritonitis als Ursache für die Symptomatik.

Bearbeitungshinweise:
- Erarbeiten Sie das Krankheitsbild »Paralytischer Ileus« und die entsprechende Pflege.
- Klären Sie die Wirkstoffe und Wirkmechanismen der angegebenen Medikamente.
- Bereiten Sie alles zum Legen einer transnasalen Magensonde vor.
- Klären Sie, was eine Patientenverfügung ist und welchen rechtlichen Stellenwert sie hat.
- Erarbeiten Sie, welche Rituale im katholischen Glauben für eine Krankensalbung vorgesehen sind.
- Erstellen Sie eine Pflegeprognose für Martha Pruss anhand der beschriebenen Daten.
- Schildern Sie den wichtigen sozialpflegerischen Aspekt, in der im Fall beschriebenen Situation.

Lernfeld 1.3 Alte Menschen personen- und situationsbezogen pflegen

Bearbeitungsschwerpunkte:
- Morbus Parkinson
- Umzug ins Pflegeheim

Eberhard Leer bezieht eine Seniorenresidenz

Die Aufnahme von Eberhard Leer in eine Seniorenresidenz ist geplant. Er ist 72 Jahre alt und leidet an einer weit fortgeschrittenen Parkinsonschen Erkrankung.

Eberhard Leer war in seinem Berufsleben selbständiger Bauunternehmer. Nachdem seine Erkrankung weiter fortschritt, überschrieb er das Geschäft seiner Tochter. Gerade ist sie dabei, das Geschäft auszuweiten und den Maschinenpark durch weitere Baumaschinen zu vervollständigen.

Familie Leer lebt in einer Villa außerhalb der Stadt und unterhält dort ein großes Anwesen. Mehrere Personen sind im Haushalt beschäftigt, so dass die Ehefrau vom Haushalt und der Gartenarbeit entlastet ist. Sie hat mit Unter-

Lernbereich 1: Aufgaben und Konzepte in der Altenpflege

stützung einer fest angestellten Krankenschwester die Pflege und Versorgung ihres Ehemannes übernommen.

Frau Leer ist bei der Aufnahme anwesend. Sie sagt: »Mein Mann leidet seit sieben Jahren an der Parkinson-Erkrankung. Es ist immer schlimmer geworden. Die Schwester, die wir angestellt haben, hat mir immer recht gut bei der Versorgung meines Mannes geholfen. Er kann kaum selbst noch etwas tun. Er soll ja jetzt andere Medikamente bekommen. Aber das haben wir ja schon so oft probiert. Jetzt geht es einfach nicht mehr zu Hause. Mein Mann kann sich kaum noch bewegen, und ich habe es ja nicht weit von unserem Haus hierher. Außerdem waren wir mit der Krankenschwester nicht mehr zufrieden.«

Vor sieben Jahren wurde Eberhard Leer wegen einer depressiven Verstimmung in der psychiatrischen Station des Krankenhauses behandelt. In seiner Krankenakte ist vermerkt, dass er damals auch starke Rückenschmerzen hatte. Später kamen der Rigor, die Akinese und der Ruhetremor als Symptome hinzu.

Eberhard Leer wird mit einem Rollstuhl in sein Zimmer transportiert. Er hat ein ausdrucksloses Gesicht und eine sehr leise, monotone Stimme. Er bewegt sich im Sitzen kaum und sein Gesicht ist fettig glänzend.

Auf dem Weg ins Bett sieht man seine gebeugte Körperhaltung und seinen schlurfenden, sehr unsicheren Gang.

Seine Ehefrau sagt: »Für mich und meinen Mann ist es wichtig, dass er ein Einzelzimmer hat. Dort hat er seine Ruhe und ich kann ihn jederzeit ohne Störungen besuchen.« Sie betont: »Mein Mann soll hier die beste Pflege bekommen. Geld spielt für uns überhaupt keine Rolle.« Gestern sind bereits seine eigenen Möbel antransportiert worden.

Bearbeitungshinweise:
- Erklären Sie, um welche Krankheit es sich bei Eberhard Leer handelt.
- Erklären Sie die Symptomkombination: Hypokinese, Akinese, Rigor, Tremor.
- Schildern Sie Frühsymptome und Symptome bei fortgeschrittener Parkinsonerkrankung.
- Beschreiben Sie die Therapiemöglichkeiten bei Parkinson.
- Nennen Sie pflegerische Unterstützungen für Eberhard Leer anhand der AEDL.
- Wie würden Sie Frau Leer mit in die Pflege ihres Mannes einbeziehen wollen? Schildern Sie ihr Vorgehen.

Lernfeld 1.3 Alte Menschen personen- und situationsbezogen pflegen

Bearbeitungsschwerpunkte:
- Herzinsuffizienzsymptome
- Flüssigkeitsüberschuss
- Infusionstherapie
- Forcierte Diurese
- Diabetes mellitus Typ II
- Ärztliche Verordnungen durchführen/Lernfeld 1.5

Ruth Wohlfahrt befürchtet sterben zu müssen

Ruth Wohlfahrt, 71 Jahre alt, wird heute in die geriatrische Abteilung Ihres Krankenhauses eingeliefert. Sie ist seit vielen Jahren in hausärztlicher Behandlung und wurde bereits mehrfach wegen ihrer Linksherzinsuffizienz hier im Krankenhaus behandelt worden. Folgende Medikamente muss sie seit längerer Zeit regelmäßig einnehmen: Digitalispräparate, Diuretika, Kaliumbrausetabletten.

Vor einem halben Jahr wurde bei Ruth Wohlfahrt ein Diabetes mellitus Typ II festgestellt.

Ruth Wohlfahrt wird heute blass und kaltschweißig, mit einer starken Dyspnoe und rasselnder Atmung, in die Station gebracht. Das Kopfteil der Krankentrage ist hochgestellt, sie stützt sich mit beiden Armen ab und ringt nach Luft.

Die Pulsfrequenz beträgt 128 Schläge/Minute und der Blutdruck 110/95 mm Hg. Ruth Wohlfahrt berichtet, dass sie in der Nacht häufig aufsteht, um zur Toilette zu gehen. Ebenso berichtet sie, dass sie häufig geschwollene Beine hat. Vom Stationsarzt wird eine forcierte Diurese angeordnet, die parenteral durchgeführt werden soll. Außerdem stellt der Stationsarzt nach Durchführung der ersten Laboruntersuchungen fest, dass der Blutzuckerwert 320 mg/dl beträgt.

Ruth Wohlfahrt berichtet stockend: »Ich habe die ganze Nacht nicht geschlafen. Ich bekomme keine Luft. So schlimm war es noch nie. Ich muss sterben.«

Lernbereich 1: Aufgaben und Konzepte in der Altenpflege

Bearbeitungshinweise:
- Erklären Sie die Krankheitsbilder, an denen Ruth Wohlfahrt erkrankt ist.
- Erklären Sie, wie es zu dem Flüssigkeitsüberschuss im Lungengewebe kommt.
- Schildern Sie die notwendigen Erstmaßnahmen.
- Nennen Sie alle wichtigen pflegerischen Maßnahmen anhand der AEDL.
- Schildern Sie, wie Sie auf die Äußerung von Ruth Wohlfahrt: »Ich muss sterben«, eingehen.
- Nennen Sie die wichtigsten Inhalte, die ein professionelles Beratungsgespräch, vor der Entlassung von Ruth Wohlfahrt, beinhalten sollte.

Lernfeld 1.3 Alte Menschen personen- und situationsbezogen pflegen

Bearbeitungsschwerpunkte:
- Oberschenkelhalsfraktur
- Aseptischer Verbandwechsel
- Mobilisation
- Flüssigkeitsdefizit, Infusionstherapie
- Pflege von Menschen mit Diabetes mellitus Typ II
- Durchblutungsstörungen
- Ärztliche Verordnungen durchführen/Lernfeld 1.5

Gerhard Gauter wurde vom Auto angefahren

Sie arbeiten als Altenpfleger/in in der geriatrischen Abteilung eines Krankenhauses und beginnen Ihren Spätdienst.
Als Neuzugang kommt gegen 17.00 Uhr Gerhard Gauter zu Ihnen auf die Station.
Er ist 82 Jahre alt und wurde gestern Morgen bei seinem täglichen Spaziergang von einem Auto angefahren.

Er berichtet Ihnen bei der Übernahme aus der Intensivstation: »Die Rotphasen bei der Ampel sind einfach zu kurz. Das kann doch keiner schaffen.«

Eberhard Gauter wurde nach einer medialen Schenkelhalsfraktur operativ versorgt. Nun hat er Bettruhe, soll aber in einigen Tagen mit Unterarmgehstützen im 2-Punkt-Gang und ohne Belastung mobilisiert werden.

Außerdem ist bei ihm seit vielen Jahren ein Diabetes mellitus Typ II bekannt. Er hat zu Hause die Bz-Kontrollen und die Insulingaben (Depotinsulin morgens 20 IE und abends 8 IE s. c.) selbstständig durchgeführt. Nun im Krankenhaus benötigt er dabei Hilfe.

Gerhard Gauter wiegt bei einer Körpergröße von 186 cm nur noch 58 kg. Da er dehydriert wirkt, wird eine Infusionstherapie mit 1000 ml isotoner Kochsalzlösung angeordnet.

Gerhard Gauter berichtet Ihnen auch, dass er in der letzten Zeit schrecklich kalte Füße habe und der Arzt vermutet, dass die Durchblutung nicht mehr die Beste sei.

Am zweiten Tag nach der Operation soll ein Verbandwechsel durchgeführt werden.

Bearbeitungshinweise:
- Bearbeiten Sie aus diesem Fall die o. a. Schwerpunkte und planen Sie die Pflege.
- Nennen Sie mögliche Operationsmethoden, die bei Gerhard Gauter Anwendung finden könnten.
- Beschreiben Sie die entsprechenden Mobilisationsmethoden.
- Berechnen und planen Sie anhand der angegebenen Daten eine ausreichende und individuelle Flüssigkeitssubstitution.
- Erarbeiten Sie ein Informationsblatt mit »Verhaltenshinweisen für Menschen mit arterieller Verschlusskrankheit«.
- Planen Sie den aseptischen Verbandwechsel und führen Sie ihn in einer fachpraktischen Übung durch.

Lernbereich 1: Aufgaben und Konzepte in der Altenpflege

Lernfeld 1.3 Alte Menschen personen- und situationsbezogen pflegen

Bearbeitungsschwerpunkte:
- Pneumonie
- Fieber
- Akute Atemnot
- Angst
- Diabetes mellitus Typ II
- Ärztliche Verordnungen durchführen/Lernfeld 1.5

Undine Possner möchte vor Erschöpfung sterben

Undine Possner, 78 Jahre alt, allein stehend, wurde heute Morgen in die Geriatrische Abteilung Ihres Krankenhauses eingeliefert. Ihre Freundin hatte sie morgens früh besucht und traf sie in einem sehr schlechten Allgemeinzustand an.

Dies war für die Freundin sehr überraschend, denn bisher war Undine Possner trotz eines Diabetes mellitus Typ II, den sie mit Depotinsulininjektionen (morgens 20 IE und abends 8 IE) behandeln muss, für ihr Alter noch sehr mobil, selbstständig und unternehmungslustig.

Undine Possner war in ihrem Leben erst zweimal im Krankenhaus und zwar vor sechs Jahren wegen einer Thrombose und dann wegen der Diabeteseinstellung mit Insulin.

Heute wurde Undine Possner von ihrer Freundin sofort zum Hausarzt gefahren, der sie ins Krankenhaus einwies.

Die Situation bei der Krankenhausaufnahme:
- Undine Possner ringt sehr stark nach Luft und ist fiebrig verschwitzt. Sie ist ansprechbar, aber das Sprechen bereitet ihr große Schwierigkeiten. Sie gibt an, dass sie seit drei Tagen Fieber hat und dass sie annimmt, eine Grippe zu haben.
- Das Röntgenbild und die Laborbefunde bestätigen den Verdacht einer Pneumonie.
- Undine Possner wirkt sehr erschöpft und kann nicht aufstehen. Ihre Haut erscheint sehr trocken und heiß. Die Zunge ist borkig belegt, die Lippen sind leicht zyanotisch.

- Sie klagt über ein starkes Durstgefühl, lehnt es aber ab, irgendetwas zu essen.
- Sie äußert den Wunsch, sterben zu wollen.

Bearbeitungshinweise:
- Erarbeiten Sie die spezielle Pflege bei Pneumonie und Fieber.
- Erschließen Sie sich das Krankheitsbild »Pneumonie«.
- Nennen Sie mögliche Pneumonieursachen.
- Schildern Sie die typischen Symptome und den typischen und atypischen Verlauf sowie die Komplikationen einer Pneumonie.
- Beschreiben Sie die klassische Therapie bei Pneumonie.
- Erstellen Sie einem umfassenden Pflegeplan für Undine Possner.
- Wie begegnen Sie der Todesangst von Undine Possner?
- Beschreiben Sie die psychosomatische Dimension der aktuellen Situation von Undine Possner.

Lernfeld 1.3 Alte Menschen personen- und situationsbezogen pflegen

Bearbeitungsschwerpunkte:
- Zustand nach Laparotomie
- Infauste Diagnose
- Anus praeter
- Doppelläufige Transversostomie
- Linksherzinsuffizienz
- Ärztliche Verordnungen durchführen/Lernfeld 1.5

Alfred Rosel schaut gefasst in die Zukunft

Alfred Rosel, 80 Jahre, ist Patient der geriatrischen Station des Krankenhauses, in dem Sie tätig sind.
Ihm wurde letzte Woche ein doppelläufiges Stoma im Bereich des Transversums angelegt, nachdem die Ärzte bei der Operation feststellten, dass der maligne Tumorbefund insgesamt inoperabel ist. Um die Darmpassage zu entlasten, wurde lediglich das Stoma angelegt und der Bauch wieder verschlossen.

Alfred Rosel hat sich erstaunlich schnell erholt. Mit der Stomaversorgung kommt er aber noch nicht zurecht.
Die Probleme, die er durch seine Linksherzinsuffizienz hat, kennt er seit Jahren. Zeitweise, wenn er sich überlastet, braucht er Sauerstoffgaben (2 Liter für 30 Minuten). Ansonsten ist die Linksherzinsuffizienz zufrieden stellend medikamentös eingestellt.
Alfred Rosel ist über seine Diagnose informiert und sieht der Zukunft gefasst entgegen.

Bearbeitungshinweise:
- Klären Sie die medizinischen Ursachen, die zur Anlage des doppelläufigen Stomas geführt haben.
- Erarbeiten Sie sich die Inhalte einer Stomaversorgung und stellen Sie den Umgang mit den Produkten praktisch dar.
- Leiten Sie Alfred Rosel in einem Rollenspiel zur selbstständigen Übernahme der Stomaversorgung an.
- Klären Sie die Aussage und Tragweite einer infausten Diagnose.
- Erarbeiten Sie die Symptome und Ursachen einer Linksherzinsuffizienz.
- Erarbeiten Sie Maßnahmen, die Alfred Rosel zur weiteren selbstständigen Lebensführung verhelfen.

Lernfeld 1.3   Alte Menschen personen- und situationsbezogen pflegen

Bearbeitungsschwerpunkte:
- Schwere Osteoporose
- Starke Schmerzen
- Ärztliche Verordnungen durchführen/Lernfeld 1.5

Anna-Maria Schrupp möchte zum Grab ihres Mannes

Sie übernehmen die Pflege von Anna-Maria Schrupp, die vor drei Wochen auf eigenen Wunsch in die Pflegestation kam.
Anna-Maria Schrupp ist 79 Jahre alt, Witwe, hat eine 50-jährige Tochter und leidet seit ihrem 65. Lebensjahr an Osteoporose. Die Schmerzen wurden in

den letzten Jahren immer stärker. Sie nimmt schon seit Jahren starke Schmerzmedikamente. Vor allem ihre Bewegungsfähigkeit wurde in den letzten Jahren stark eingeschränkt.

Ihre Wirbelsäule ist stark deformiert, und sie hat mehr als 15 cm an Körpergröße verloren. Vor sechs Wochen hat sie einen Oberschenkelhalsbruch rechts erlitten. »Einfach so beim Sitzen«, berichtet sie, »und da haben die Ärzte gesagt, da machen wir nichts mehr, das muss im Liegen heilen, und dann habe ich mir gedacht, jetzt gehst Du ins Heim, das kannst Du der Tochter nicht antun. Und gespart habe ich ja immer.«

Anna-Maria Schrupp schläft meistens gut, wenn die Schmerzen sich in Grenzen halten. Hin und wieder nimmt sie Schlafmedikamente. Aber auf die Bettgitter besteht sie jeden Abend aus Sicherheitsgründen. Außerdem wünscht sie, dass sie von keinem Pfarrer »belästigt wird«, wie sie sich ausdrückt: »Ich habe da meine eigene Einstellung und will von denen nichts mehr hören.«

Sie hat strenge Bettruhe, ihr rechtes Bein ist auf einer Schiene gelagert. Auch Arme und Beine kann sie nur schlecht bewegen. Ihr Kauvermögen ist stark eingeschränkt. In der letzten Zeit hat sie nur passierte Kost zu sich genommen, wobei ihre Zahnprothese in einem schlechten Zustand ist und überhaupt nicht mehr sitzt.

Geistig ist Anna-Maria Schrupp voll leistungsfähig. Sie ist nicht gern allein, und trotz ihrer schlecht zu verstehenden Sprache hat sie es sehr gern, wenn sich jemand mit ihr unterhält.

Bei einem Gespräch berichtet sie: »Wissen Sie, Schwester, vor dem Sterben habe ich keine Angst. Aber es weiß ja auch keiner, wann das sein wird. Wenn ich nur noch einmal vorher zum Grab meines Mannes könnte. Da war ich schon drei Jahre nicht mehr.«

Lernbereich 1: Aufgaben und Konzepte in der Altenpflege

Bearbeitungshinweise:
- Erklären Sie die Pathophysiologie bei Osteoporose.
- In welche Typen/Formen wird die Osteoporose eingeteilt?
- Beschreiben Sie die Ursachen, Symptome und Risikofaktoren für Osteoporose:
  - Wie sieht eine typische Diagnostik und Therapie bei Osteoporose aus?
  - Welche Bedeutung hat die Schmerztherapie bei Osteoporose und wie muss eine professionelle und wirksame Schmerztherapie aussehen?
- Erstellen Sie einen individuellen Pflegeplan für Anna-Maria Schrupp.
- Welche Maßnahmen würden Sie planen, um sie vor Isolation zu schützen?

Lernfeld 1.3 Alte Menschen personen- und situationsbezogen pflegen

Bearbeitungsschwerpunkte:
- Sigmakarzinom
- Transversostomie
- Anus Praeter naturalis
- Häufige Hypoglykämien als Ursache für Stürze
- Diabetes mellitus Typ II
- Durchblutungsstörungen als Ursache für Schmerzen
- Nikotinabusus
- Ärztliche Verordnungen durchführen/Lernfeld 1.5

Paul Dassen kommt nach Hause

Paul Dassen, 72 Jahre alt, wurde gestern aus dem Krankenhaus nach Hause in seine Zweizimmerwohnung entlassen, die er als Witwer allein bewohnt. Ihm wurde wegen eines Sigmakarzinoms eine doppelläufige Transversostomie angelegt.

Lernfeld 1.3

Paul Dassen hat sich wegen dieser »Angelegenheit«, wie er sagt, bislang nicht so viele Gedanken gemacht. Im Krankenhaus haben die Schwestern seinen Beutelwechsel durchgeführt.

Vielmehr Probleme hatte er in der Vergangenheit mit seinem insulinpflichtigen Diabetes. Bz-Kontrollen kann er selber durchführen, zur s. c.-Insulininjektion morgens und abends kommt jedoch jemand von der Sozialstation. Hypoglykämien waren häufig Ursache für Stürze in der Wohnung.

Auch bereiten ihm die Schmerzen in den Beinen beim Laufen zunehmend Unannehmlichkeiten. Der Hausarzt hatte vor einem Jahr von Durchblutungsstörungen gesprochen, aber trotz vieler Warnungen ist Paul Dassen begeisterter Raucher.

Bearbeitungshinweise:
- Klären Sie die medizinischen Ursachen, die zur Anlage eines doppelläufigen Stomas geführt haben.
- Erarbeiten Sie sich die Inhalte einer Stomaversorgung.
- Leiten Sie Paul Dassen in einem Rollenspiel zur selbstständigen Übernahme der Stomaversorgung an.
- Erarbeiten Sie alle wesentlichen Fachinhalte zum Krankheitsbild des Diabetes mellitus.
- Klären Sie den Zusammenhang von Hypoglykämien und Stürzen.
- Erarbeiten Sie die Unterschiede und Gemeinsamkeiten von arteriellen und venösen Verschlusserkrankungen.
- Erarbeiten Sie die Wirkung und Auswirkung des Rauchens auf den menschlichen Organismus.

Lernbereich 1: Aufgaben und Konzepte in der Altenpflege

Lernfeld 1.3 Alte Menschen personen- und situationsbezogen pflegen

Bearbeitungsschwerpunkte:
- Akute Obstipation
- Diabetes mellitus Typ II
- Hypertonus
- Durchblutungsstörungen, Zehenamputation
- Schmerzen
- Eingeschränktes Sehen
- Drohender Dekubitus
- Eingeschränkte Mobilität
- Ärztliche Verordnungen durchführen/Lernfeld 1.5

Werner Sollweg stöhnt vor Schmerzen

Werner Sollweg ist 68 Jahre alt und lebt seit drei Jahren im Altenheim auf der Wohnstation. Er konnte sich zu Hause allein nicht mehr versorgen und wollte ins Heim.

Seine Kinder besuchen ihn regelmäßig und auf diese Tage freut er sich sehr. Vor 20 Jahren wurde ein Diabetes mellitus Typ II diagnostiziert und Werner Sollweg ist seit fünf Jahren insulinpflichtig. Sein Hypertonus ist medikamentös eingestellt.

Zunehmend bereitet ihm auch das Sehen Probleme. Auch mit seiner Sehhilfe fällt ihm das Lesen schwer, worüber er sehr traurig ist.

An Aktivitäten im Haus nimmt er nicht teil, er sitzt den ganzen Tag in seinem Zimmer und schaut aus dem Fenster. Die Durchblutungsstörungen in den Beinen bereiten ihm große Schmerzen. In den letzten Jahren hat er 15 kg zugenommen. Er wiegt 99 kg bei 1,70 m Körpergröße.

Vor vier Wochen wurde ihm ein Zeh wegen einer beginnenden Zehengangrän amputiert.

Seit fünf Tagen ist Werner Sollweg wieder im Altenheim. Er möchte nicht aufstehen und stöhnt vor Schmerzen. Am Kreuzbein zeigt sich bereits eine massive, nicht wegdrückbare Rötung. Heute Morgen hat er nichts essen wollen, sein Unterbauch schmerzt und er hat seit vier Tagen nicht abgeführt. Der Hausarzt hat nach telefonischer Rücksprache einen Reinigungseinlauf angeordnet.

Bearbeitungshinweise:
- Erarbeiten Sie einen kompletten und individuellen Pflegeplan für Werner Sollweg.
- Erheben Sie für ihn ein Schmerzprotokoll.
- Nennen Sie mögliche Ursachen und Wechselwirkungen von Obstipation bei alten Menschen.
- Planen Sie Vorbereitung, Durchführung und Nachbereitung eines Reinigungseinlaufs.
- Schildern Sie die Gefahren eines Reinigungseinlaufs.
- Beschreiben Sie eine professionelle Dekubitusprophylaxe.
- Erklären Sie das Krankheitsbild Diabetes mellitus Typ II und nennen Sie die häufigsten Komplikationen und Spätfolgen, die dieses Krankheitsbild nach sich zieht.

Lernfeld 1.3 Alte Menschen personen- und situationsbezogen pflegen

Bearbeitungsschwerpunkte:
- Anlage eines doppelläufigen Stomas
- Anus praeter naturalis
- Selbstständigkeit und Unabhängigkeit
- Ärztliche Verordnungen durchführen/Lernfeld 1.5

Vincenz Kobler war noch nie krank

Vincenz Kobler, 72 Jahre alt, kommt in Begleitung seiner Ehefrau zur stationären Aufnahme. Er war von Beruf Busfahrer und sagt: »Eigentlich war ich noch nie krank.«

Vincenz Kobler erzählt, dass er seit einiger Zeit Schwierigkeiten mit dem Stuhlgang habe. Mal müsse er oft zur Toilette und dann wieder erst nach einigen Tagen.

Er ist das erste Mal im Krankenhaus. Während der ersten drei Tage nach der Aufnahme wird eine eingehende Diagnostik durchgeführt. Sie ergibt einen größeren Dickdarmtumor.

Lernbereich 1: Aufgaben und Konzepte in der Altenpflege

Vincenz Kobler wird darüber informiert, dass ein Teil seines Dickdarmes entfernt werden muss und ein Anus praeter angelegt wird. Er signalisiert, dass er sich noch nicht recht vorstellen kann, was ein Anus praeter ist. Morgen soll die Operation durchgeführt werden.

Während der Fahrt in den Operationssaal sagt er: »Sie müssen ja schließlich wissen, was für mich richtig ist. Ich will damit nichts zu tun haben. Das muss später meine Frau machen.«

Einen Tag nach der Operation holen Sie Vincenz Kobler von der Intensivstation ab. Bei ihm ist eine Tumorresektion im Bereich des Colon descendens mit der Anlage eines doppelläufigen Anus praeter naturalis vorgenommen worden. Die Operation verlief problemlos.

Man hat Vincenz Kobler eine Magensonde gelegt, einen zentralen Venenkatheter, einen Blasenkatheter sowie eine Redon-Drainage in der Abdominalwunde.

Der Anus praeter ist mit einem Ausstreifbeutel versorgt, und unter dem Reiter schützt eine Adhäsivplatte die Haut. Vincenz Kobler darf zum Betten aufstehen.

Bearbeitungshinweise:
- Beschreiben Sie die postoperative Pflege von Vincenz Kobler.
- Schildern Sie die Bedeutsamkeit der selbstständigen Versorgung des Stomas durch Vincenz Kobler ein. Schildern Sie sein zukünftiges Leben, falls er in der Versorgung des Stomas unselbstständig bleibt.
- Nennen Sie die Beratungsaspekte für seine Ehefrau.
- Wie planen Sie die Entlassung Vincenz Koblers nach Hause?
- Welche Selbsthilfegruppe kann ihm Unterstützung bieten?
- Beschreiben Sie, welche Maßnahmen zu einer Thromboseprophylaxe zählen.

Lernfeld 1.3 Alte Menschen personen- und situationsbezogen pflegen

Bearbeitungsschwerpunkte:
- Herzinsuffizienz
- Akute Situation
- Starke Dyspnoe
- Ärztliche Verordnungen durchführen/Lernfeld 1.5

Konrad Fritz fehlt die Luft zum Atmen

Konrad Fritz, 75 Jahre alt, wird heute in die geriatrische Abteilung Ihres Krankenhauses eingeliefert. Er ist seit vielen Jahren in hausärztlicher Behandlung. Wegen seiner Linksherzinsuffizienz wurde er bereits mehrfach in Ihrem Hause behandelt. Medikamente, die er regelmäßig einnehmen muss, sind Digitalispräparate, Diuretika und Kalium-Brausetabletten.

Konrad Fritz wird blass und kaltschweißig, mit einer starken Dyspnoe und rasselnder Atmung, in die Station gebracht. Das Kopfteil der Krankentrage ist hoch gestellt, er stützt sich mit beiden Armen ab und ringt nach Luft.

Die Pulsfrequenz beträgt 128 Schläge/Minute, der Blutdruck 110/95 mm Hg.

Konrad Fritz berichtet, dass er in der Nacht zwei- bis dreimal aufsteht, um zur Toilette zu gehen und dass er beim Sitzen und bei längeren Spaziergängen häufig geschwollene Beine hat.

Er lebt mit seiner Frau im eigenen Haus, das sie vor Jahren erbaut haben. Beide versorgen sich weitestgehend selbstständig.

Die Ergebnisse der Blutuntersuchungen schließen eine Pneumonie sowie einen Herzinfarkt aus. Im Elektrokardiogramm sind typische Zeichen einer Linksherzinsuffizienz erkennbar.

Vom Stationsarzt wird eine forcierte Diurese angeordnet, die unter Verwendung einer Infusionspumpe und eines Subklaviakatheters durchgeführt werden soll.

Lernbereich 1: Aufgaben und Konzepte in der Altenpflege

Bearbeitungshinweise:
- Erklären Sie die Wirkweisen der verordneten Medikamente.
- Erklären Sie, wieso Konrad Fritz nachts häufig zur Toilette muss.
- Schildern Sie die typischen Symptome einer Linksherzinsuffizienz.
- Was versteht man unter einer forcierten Diurese und wie wird diese durchgeführt?
- Schildern Sie alle wesentlichen Pflegeaspekte für Konrad Fritz.
- Wie schätzen Sie den weiteren Pflegebedarf in den nächsten Wochen ein?

Lernfeld 1.3 Alte Menschen personen- und situationsbezogen pflegen

Bearbeitungsschwerpunkte:
- Arterielle Verschlusskrankheit (AVK)
- Akute Situation
- Risikofaktoren des Diabetes mellitus
- Ärztliche Verordnungen durchführen/Lernfeld 1.5

Werner Petermanns Schmerzen lassen nicht nach

Werner Petermann, 69 Jahre alt, wird heute mit einem akuten Arterienverschluss am rechten Unterschenkel in Ihre Station eingewiesen. Er ist seit seinem 16. Lebensjahr Diabetiker, spritzt regelmäßig Insulin und lebt nach einer Diabetesdiät.

Vor ungefähr fünf Jahren diagnostizierte sein Hausarzt eine massive Gefäßveränderung an den unteren Extremitäten, eine Folge des Diabetes mellitus. Zu diesem Zeitpunkt wurde Werner Petermann auch frühzeitig berentet. Er war von Beruf Schneidermeister in einer Textilfabrik.

Er lebt mit seiner Ehefrau und seinem Sohn, der unverheiratet ist, im eigenen Haus. In den letzten fünf Jahren hat er sehr viel Wert auf die Pflege des Gartens gelegt, und, so sagt er, ein kleines Paradies geschaffen.

Bei der Aufnahme klagt Werner Petermann über starke Schmerzen im Bein. Das Bein ist kalt und blass. Werner Petermann gibt Sensibilitätsstörungen an.

Die Arterienpulse sind im Bereich der Kniekehle noch zu tasten, weiter absteigend nicht mehr. Dieser Befund wird durch die Doppler-Sonografie bestätigt. Auf die Frage, wie das denn geschehen sei, antwortet er: »Seit einiger Zeit habe ich beim Gehen schon Beschwerden und Schmerzen gehabt. Ich musste häufiger beim Spazierengehen oder beim Einkaufen stehen bleiben. Dann nach einiger Zeit konnte ich weiter laufen. Schlimm war es auch beim Treppensteigen. Nachts hatte ich häufiger Wadenkrämpfe. So auch letzte Nacht. Sonst bin ich aufgestanden, und nach etwas Bewegung ließen die Schmerzen nach. Heute jedoch nicht.«

Bearbeitungshinweise:
- Erklären Sie, zu welchen Gefäßveränderungen es bei Diabetes mellitus häufig kommt.
- Beschreiben Sie die professionelle Fußpflege bei einem Diabetiker.
- Wie beurteilen Sie die aktuelle Situation von Werner Petermann?
- Mit welchen möglichen Therapien rechnen Sie?
- Erklären Sie die Symptome einer typischen arteriellen Verschlusskrankheit, deren Behandlungsmethoden und Prophylaxen.
- Nennen Sie wesentliche pflegerische Grundsätze, die bei arteriellen Verschlusskrankheiten eingehalten werden müssen.
- Erklären Sie die Unterschiede zwischen venösen und arteriellen Gefäßleiden.
- Schildern und begründen Sie Ihr Verhalten: Wie würden Sie das Bein von Werner Petermann behandeln, wenn im Moment kein Arzt zur Verfügung stände?

Lernbereich 1: Aufgaben und Konzepte in der Altenpflege

Lernfeld 1.3 Alte Menschen personen- und situationsbezogen pflegen

Pflege infektionskranker alter Menschen

Bearbeitungsschwerpunkt:
- Verhalten bei Verdacht auf Salmonellose

Annemarie Paulenz fühlt sich elend

Annemarie Paulenz ist seit ungefähr zwei Jahren Bewohnerin eines Altenheims. Nach dem Tod ihres Ehemannes hatte sie einen leichten Schlaganfall, und so entschied sie sich, nach dem Krankenhausaufenthalt ins Altenheim zu gehen.
Annemarie Paulenz ist 69 Jahre alt, und bis auf eine leichte Bewegungseinschränkung ihrer rechten Hand noch sehr rüstig. Sie ist bei einer Körpergröße von 162 cm und einem Körpergewicht von 84 kg recht korpulent. Zu ihren größten Freuden gehört es, nachmittags in das nahe gelegene Café zu gehen, um in den Genuss verschiedener Leckereien zu kommen.
Zu den Sommerzeiten gönnt sie sich immer einen großen Eisbecher. So war es auch vor zwei Tagen. Seit gestern Abend klagt sie über schwere Brechdurchfälle. Sie berichtet heute Morgen der Stationsleitung: »Ich fühle mich schon ganz elend und schlapp, und der Stuhl kommt raus wie Wasser. Dabei habe ich seit gestern Nachmittag nichts mehr gegessen.«
Heute Morgen berichtet die örtliche Presse, dass in der letzten Woche mehrere Menschen an einer Salmonelleninfektion erkrankt sind. Das Gesundheitsamt und ein Hausarzt werden durch die Pflegedienstleitung informiert.

Bearbeitungshinweise:
- Erklären Sie, um welche Erkrankung es sich bei einer Salmonellose handelt.
- Treffen Sie eine Aussage zur Verbreitung der Salmonellose in Deutschland und erklären Sie die zwei Erregergruppen.
- Nennen Sie die typischen Symptome der Salmonellose.
- Treffen Sie eine Aussage zur Infektion und zur Inkubationszeit.

- Erklären Sie: Warum ist die Salmonellen-Infektion besonders für alte Menschen sehr gefährlich?
- Informieren Sie sich beim örtlichen Gesundheitsamt über die hygienischen Vorschriften bei einer Salmonellen-Infektion in einer Altenpflegeeinrichtung.
- Fragen Sie in Ihrer Pflegeeinrichtung nach einem Standard für das Verhalten bei einer Salmonellen-Infektion.

Lernfeld 1.3 Alte Menschen personen- und situationsbezogen pflegen

Bearbeitungsschwerpunkte:
- Verdacht auf viralen Infekt
- Verdacht auf Pneumonie, akute Atemnot
- Thromboseprophylaxe
- Die Situation als existenzielle Bedrohung erleben
- Ärztliche Verordnungen durchführen/Lernfeld 1.5

Luise Fastenrath möchte in Urlaub fahren

Luise Fastenrath, 78 Jahre alt, wurde heute Morgen von ihrem Lebensgefährten in die geriatrische Abteilung Ihres Krankenhauses gebracht.
Da ihr Mann schon seit acht Jahren tot ist und sie keine näheren Verwandten hat, konzentriert Luise Fastenrath ihren Kontakt seit fünf Jahren fast ausschließlich auf ihren Lebensgefährten, den sie nach ihren Aussagen »innig liebt«.
Die Situation bei der Krankenhausaufnahme:
Luise Fastenrath ringt sehr stark nach Luft, hat eine ausgeprägte Tachykardie und eine Körpertemperatur von 39,5 Grad Celsius. Sie ist ansprechbar, aber das Sprechen bereitet ihr große Schwierigkeiten. Sie gibt an, dass sie seit drei Tagen Fieber hat. »Wahrscheinlich eine Grippe«, sagt sie. Luise Fastenrath wirkt sehr erschöpft und kann nicht aufstehen.
Ihr Herz »rast und stolpert«, sagt sie, und ihre Lippen weisen eine starke Zyanose auf. Sie klagt über ein starkes Durstgefühl.

Sie äußert den Wunsch, mit ihrem Lebensgefährten noch ein paar schöne Jahre verbringen zu können, aber nun hat sie Angst, dass es mit ihr zu Ende geht. Sie sagt: »Nächste Woche wollten wir in Urlaub fahren, was soll nun werden?«

Bearbeitungshinweise:
- Erarbeiten Sie die notwendigen Sofortmaßnahmen und üben Sie diese praktisch.
- Bearbeiten Sie die o. a. Schwerpunkte und planen Sie die Pflege.
- Beschreiben Sie die spezielle Pflege bei Pneumonie.
- Wie unterscheidet sich die Pneumonie von einem grippalen Infekt?
- Beraten und begleiten Sie die Patientin in dem Gefühl der existenziellen Bedrohung im Rollenspiel.
- Schildern Sie, wie Sie den Lebensgefährten von Luise Fastenrath mit in die Pflege einbeziehen können.
- Nennen Sie die Inhalte des Gesprächs, das Sie mit Luise Fastenrath führen würden.

Lernfeld 1.3   Alte Menschen personen- und situationsbezogen pflegen

Bearbeitungsschwerpunkte:
- HIV/AIDS und schwere opportunistische Infektionen
- Isolation
- Inkontinenz, Wechseln eines Blasendauerkatheters
- Infusionstherapie
- Schmerztherapie
- Beratung
- Ärztliche Verordnungen durchführen/Lernfeld 1.5

Beatrix Schweitzer hat sich vertrauensvoll an Sie gewandt

Sie arbeiten als Pflegekraft im ambulanten Dienst und übernehmen die Pflege von Beatrix Schweitzer. Sie ist 72 Jahre alt und lebt allein und sehr isoliert in einem Mietshaus.

Beatrix Schweitzer hat sich vertrauensvoll an Sie gewandt, da sie dringend umfassende Pflege benötigt. Seit einem schweren Autounfall vor 22 Jahren, nach dem man ihr massive Bluttransfusionen verabreichte, ist sie an Aids erkrankt. Erst vor zwei Jahren begab sich Beatrix Schweitzer in ärztliche Therapie, nachdem sie eine schwer wiegende Erkältung nicht los wurde und über eine schmerzhafte, generalisierte Lymphknotenschwellung klagte. Mittlerweile hat sich ein Lymphadenopathiesyndrom (LAS) manifestiert und zunehmend machen ihr opportunistische Infektionen Probleme.

Beatrix Schweitzer klagt über Atemwegserkrankungen und Pilzinfektionen im Oralbereich. Sie hat nach ihren Aussagen in den letzten zwei Monaten sehr abgenommen und ist appetitlos.

Aktuell müssen Sie die Körperpflege bei ihr übernehmen und per Infusionstherapie werden über einen ZVK Infusionslösungen, Antibiotika und Schmerzmedikamente verabreicht, denn zunehmend klagt Beatrix Schweitzer auch über starke, bohrende Kopfschmerzen.

Der Blasendauerkatheter, der vor zwei Monaten von einem Urologen auf Wunsch von Beatrix Schweitzer wegen einer schweren Inkontinenz (sie litt sehr unter ihrem Zustand) gelegt wurde, muss dringend gewechselt werden.

Bearbeitungshinweise;
- Bearbeiten Sie aus diesem Fall die o. a. Schwerpunkte und erstellen Sie einen individuellen Pflegeplan für Beatrix Schweitzer.
- Erarbeiten Sie einen Standardpflegeplan bei HIV/AIDS.
- Erarbeiten Sie einen optimalen Schmerztherapieplan.
- Planen Sie Maßnahmen gegen die Isolation.
- Üben Sie das Wechseln eines Blasendauerkatheters.

Alternativ:
- Planen Sie eine Projektwoche zum Thema HIV/AIDS:
  Strukturvorgaben:
  - Krankheitsbild
  - Krankheitsstadien
  - Diagnostik, HIV Tests
  - Übertragungswege
  - Schutzmaßnahmen
  - Selbsthilfegruppen
  - Beratungsgespräch

Lernbereich 1: Aufgaben und Konzepte in der Altenpflege

Lernfeld 1.3 Alte Menschen personen- und situationsbezogen pflegen

Bearbeitungsschwerpunkte:
- Verdacht auf HIV
- Verdacht auf Pneumonie
- Fieber
- Atemnot
- Infusionstherapie
- Thromboseprophylaxe
- Postexpositionsprophylaxe
- Ärztliche Verordnungen durchführen/Lernfeld 1.5

Gustav Notterski hat eine unklare Diagnose

Sie arbeiten als Altenpfleger/in auf der geriatrischen Abteilung eines Krankenhauses.

Heute wird ein neuer Patient, Gustav Notterski, in sehr reduziertem Allgemeinzustand auf Ihrer Station aufgenommen.

Er ist 70 Jahre alt, allein stehend und wird durch den Liegendtransport der Rettungsstelle eingeliefert, nachdem eine Nachbarin auf Wunsch von Gustav Notterski den Notarzt informiert hat.

Gustav Notterski ist bei Bewusstsein und gibt an, dass er seit zehn Jahren keinen Arzt mehr gesehen hat. Er hat nach eigenen Angaben in den letzten Monaten 15 kg an Gewicht verloren. Er wiegt nur noch 65 kg bei einer Körpergröße von 1,82 m.

Er hat starke Atemnot und eine massiv erhöhte Körpertemperatur von 39,5° Celsius. Sofort verordnet der Arzt Sauerstoff (6 Liter pro Minute).

Gustav Notterski gibt an, dass er seit Monaten einen trockenen Husten hat und sich zunehmend schwach, appetitlos und abgeschlagen fühlt.

Nachdem der Arzt intravenös eine Braunüle gelegt hat, stechen Sie sich bei der Entsorgung der Materialien am Mandrin. Der Arzt sagt Ihnen, dass Sie vorsorglich eine Postexpositionsprophylaxe durchführen sollen, da bei Gustav Notterski abgeklärt werde, ob eine HIV-Infektion vorliegt. Er habe den Verdacht, dass Gustav Notterski nicht an einer Pneumonie, sondern an einer Pneumocystis carinii als Spätfolge einer unerkannten HIV-Infektion erkrankt ist.

Da Gustav Notterski das Bett nicht verlassen kann, soll neben einer Antibiotika- und Infusionstherapie auch eine Thromboseprophylaxe mit Fraxiparin subcutan, einmal täglich, durchgeführt werden.
Die Ihnen zugeteilte Pflegeschülerin fragt Sie, was noch zur Thromboseprophylaxe gehört.

> **Bearbeitungshinweise:**
> - Bearbeiten Sie aus diesem Fall die o. a. Schwerpunkte und planen Sie die Pflege.
> - Erarbeiten Sie die Inhalte der Postexpositionsprophylaxe.
> - Erarbeiten Sie das Informationsgespräch mit der Ihnen zugeteilten Schülerin zur Thromboseprophylaxe und führen Sie es im Rollenspiel durch.

Lernfeld 1.3 Alte Menschen personen- und situationsbezogen pflegen

> **Bearbeitungsschwerpunkt:**
> - Vollbild Aids
> - Psychosoziale Dimension bei HIV/AIDS

Christine Vollweg löst ihre Wohnung auf

Christine Vollweg kommt aus dem Krankenhaus zur Aufnahme in Ihr Pflegeheim.
Sie ist 69 Jahre alt und seit vier Jahren am Vollbild Aids erkrankt.
Die ersten zehn Jahre ihrer HIV-Infektion verliefen symptomfrei, jedoch häuften sich in den letzten Jahren die Krankenhausaufenthalte, besonders im letzten Dreivierteljahr.
Immer öfter erkrankte sie an zunächst unspezifischen Infektionserkrankungen, die ein immer größeres Ausmaß annahmen.
Christine Vollweg hat seit zwei Jahren eine generalisierte Lymphknotenschwellung, meist subfebrile Temperaturen. Sie hat 25 kg an Körpergewicht verloren und leidet häufig unter starken Durchfällen.

Lernbereich 1: Aufgaben und Konzepte in der Altenpflege

Nach dem letzten Krankenhausaufenthalt war es ihr nicht mehr möglich, in ihre eigene Wohnung zurückzukehren, in der sie bislang durch Unterstützung einer Sozialstation und durch Nachbarschaftshilfe allein leben konnte.
Die Aufnahme von Christine Vollweg als Schwerstpflegeperson in ein Pflegeheim wurde durch Ärzte und Sozialarbeiter in die Wege geleitet.
Christine Vollweg ist seit vier Jahren Witwe. Ihr Mann, bei dem sie sich mit dem HI-Virus angesteckt hat, ist selber am Vollbild AIDS verstorben. Sie hat keine Kinder und lebte in den letzten Jahren sehr zurückgezogen. Die einzige Beschäftigung war und ist ihr vor vier Jahren neu entdecktes Hobby, die Malerei. Hauptsächlich mit Ölfarben hat sie unzählige Bilder erstellt, die sie in ihrer Wohnung bislang gehortet hat.
Christine Vollweg kommt in einem sehr schlechten Allgemeinzustand. Sie wiegt nur noch 38 kg bei einer Körpergröße von 1,72 m.
Auch mit Hilfe kann sie kaum noch gehen. Wegen einer Schädigung des Zentralnervensystems hat sie meist starke Kopfschmerzen, auch Sprachstörungen bereiten ihr Schwierigkeiten. Sie hat außerdem schwerste Luftnot.
Schon im Krankenhaus, bei einem ersten Kontakt zur leitenden Pflegekraft des Pflegeheims, hatte Christine Vollweg angefragt, ob Angestellte des Heimes bei der Wohnungsauflösung behilflich sein könnten und ob sie ihre Malutensilien mit ins Heim nehmen darf.

Bearbeitungshinweise
- Diskutieren Sie kritisch die »Schuldfrage« bei der Ansteckung mit dem HI-Virus.
- Erstellen Sie einen individuellen Pflegeplan für Christine Vollweg.
- Welche hygienischen Maßnahmen sollten eingehalten werden, wenn HIV im Umfeld bekannt oder auch nicht bekannt sind?
- Nennen Sie unterstützende Möglichkeiten für die Wohnungsauflösung.

Lernfeld 1.3 Alte Menschen personen- und situationsbezogen pflegen

Bearbeitungsschwerpunkte:
- Vollbild Aids
- Psychosoziale Dimension bei HIV/AIDS

Dieser Fall wurde von Schülerinnen des Kurses 1, 2006, während der Ausbildung in der Altenpflege am Fachseminar des Oberbergischen Kreises selbständig erarbeitet.

Der folgende Fall verdeutlicht, dass Altenpflegerinnen durch Zuhören und Hinterfragen, durch eine gute Gesprächsführung und durch fundiertes Wissen in Krankheitslehre, Anatomie und Physiologie an Krankheiten denken können, die aufgrund verschiedenster Umstände vom Arzt übersehen werden könnten.

Das soll in keinem Fall heißen, dass Altenpflegerinnen Diagnosen stellen! Sie können aber durchaus beim Arzt nachfragen, ob dieses oder jene Symptom nicht ein Hinweis auf eine bestimmte Krankheit ist.

Nur Ihre Fachkompetenz, Ihre Fähigkeit zum Zuhören, schafft Vertrauen in Ihr Berufsbild!

Erna Fischer informiert sich

Erna Fischer, 58 Jahre alt, kommt in Ihr Heim, um sich die psychiatrische Station anzusehen. Das Heim wurde ihr von ihrem langjährigen Hausarzt empfohlen, weil es über diese psychiatrische Station verfügt.

So ganz entschlossen ist Erna Fischer noch nicht, deshalb will sie sich nur informieren. Eigentlich fühlt sie sich nicht psychisch krank, aber ihr Hausarzt behandelt sie wegen ihrer Depressionen schon lange mit Psychopharmaka.

Da sie sich immer mehr aus ihrer Familie und aus ihrem Freundeskreis zurückzieht, hat der Hausarzt ihr empfohlen, sich das Heim anzusehen, um nicht ganz zu vereinsamen. Die beiden Söhne, 25 und 26 Jahre alt, haben den Kontakt abgebrochen, weil Erna Fischer sich »in ihrem Alter« noch scheiden lässt. Erna Fischer ist gut betucht, sie ist selbstständige Floristin. Ihr Mann war Monteur und hat viel Geld verdient.

Lernbereich 1: Aufgaben und Konzepte in der Altenpflege

Erna Fischer: »Ich kann nicht mehr, ich fühle mich überhaupt nicht ernst genommen.«

Altenpflegerin: »Was bedrückt Sie so?«

Erna Fischer: »Bis vor acht Monaten habe ich noch in meinem Floristikladen gearbeitet. Ich war mein Leben lang selbstständig. Und dann, vor sechs Monaten, als ich mich scheiden ließ, ging es erst richtig bergab mit mir. Seither habe ich alles Mögliche an körperlichen Beschwerden, die nicht weggehen und alles nur wegen der Nerven, sagt mein Arzt. Und jetzt soll ich auch noch in ein Heim? Ja, ich bin trotzdem gekommen, aber einfach deshalb, weil ich einfach nicht mehr kann. *(Frau Fischer weint. Die Altenpflegerin berührt sie sanft an der Schulter)*.

Altenpflegerin: »Welche körperlichen Beschwerden haben Sie denn genau?«

Erna Fischer: »Ja, das habe ich ja dem Arzt auch schon gesagt, aber zu dem gehe ich ja schon so lange, er hat mir Valium verschrieben, wissen sie, zur Beruhigung, wegen meiner Scheidung. Ich hatte schon immer Probleme mit meinem Mann und mein Arzt hat mich dann immer beruhigt.«

Altenpflegerin: »Trotzdem interessiert es mich, wie Sie Ihre Beschwerden genau beschreiben, denn uns liegt sehr daran, wenn sie sich für uns entscheiden, dass sie sich bei uns wohl fühlen.«

Erna Fischer: »Ja, gut, ich habe seit meiner Scheidung vor sechs Monaten ziemlich viel abgenommen, bestimmt 10 kg. Aber ich hatte auch weniger Appetit. Mein Arzt sagt, dass sich meine Depressionen manifestiert haben durch die Scheidung. Verstanden habe ich das nicht, denn ich bin so froh, dass dieser Widerling weg ist ... Entschuldigung ...«

Altenpflegerin: »Sind das Ihre einzigen Beschwerden?«

Erna Fischer: »Nein, nachts wache ich oft klitschnass geschwitzt auf und bekomme Herzrasen und Atemnot, alles wegen der Nerven. Ich fühle mich einfach schlapp, will keine Dinge mehr tun. Ich kann nicht mehr.«

Altenpflegerin: »Ich sehe, dass sie einen Herpes an den Lippen haben. Waren Sie in letzter Zeit öfter erkältet?«

Erna Fischer: »Ja. Ständig. Eine Erkältung geht, die nächste kommt ... Sie sind aber sehr nett, ... äh ... Schwester.«

Altenpflegerin: »Menschen sind mir sehr wichtig, sie liegen mir am Herzen. Sagen Sie mal, darf ich Sie etwas ganz persönliches fragen? Ich möchte Ihnen gegenüber nicht aufdringlich sein, aber vielleicht nützt es uns später etwas. Es bleibt unter uns, Sie müssen mir nicht antworten, wenn Sie nicht wollen.«

Erna Fischer: »Kommt drauf an, was es ist. Fragen Sie, ich antworte oder nicht.«

Altenpflegerin: »Warum haben Sie sich zur Scheidung entschlossen?«
Erna Fischer: *(schluchzt)*
Altenpflegerin: *(entschuldigt sich und nimmt Erna Fischer in den Arm)*
Erna Fischer: »Nein, nein, es ist schon gut. Diese alte Drecksau! Dieser alte Hurenbock! Jahrelang hat er mich hintergangen. Wissen Sie, er ist Monteur bei einer Maschinenbaufirma. Er verdient gutes Geld. Dafür war er auch oft wochenlang weg, in Bangkok, in Hongkong, in Südafrika. Durch einen Arbeitskollegen habe ich erfahren, dass er sich dort gut mit Nutten amüsiert hat, während ich hier im Blumenladen stand und Sorge hatte, dass ihm etwas passiert.«
Altenpflegerin: »Wie lange wussten Sie schon davon?«
Erna Fischer: »Seit zwei Jahren, aber er geht ja schon seit zehn Jahren auf Montage, weil er so erfahren ist im Maschinenbau. Wahrscheinlich hat der alte Dreckskerl es schon die ganze Zeit getrieben.«
Altenpflegerin: »Haben Sie schon mal über die Möglichkeit einer HIV-Infektion nachgedacht, die ihr Mann sich hätte einfangen können?«
Erna Fischer: »Es sind bestimmt die Nerven bei mir … verdammt … ja … und was ich für eine Angst habe. Vielleicht will ich es ja auch gar nicht wissen. Ich habe so eine Wut, ich kann nicht mehr.«
Altenpflegerin: »Wenn Sie möchten, versuchen wir Ihnen zu helfen.«
Erna Fischer: »Wie denn?«
Altenpflegerin: »Sie bleiben am besten eine Weile bei uns, erholen sich und kommen wieder zu Kräften. Wann sind sie das letzte Mal von Ihrem Hausarzt richtig untersucht worden?«
Erna Fischer: »Das ist schon lange her, bestimmt schon drei Jahre, da hat er aber nur den Blutdruck gemessen und die Lunge abgehört.«
Altenpflegerin: »Wären Sie damit einverstanden, zu einem anderen Arzt zu gehen oder zu Ihrem Arzt, wenn Sie möchten und sich auf HIV untersuchen zu lassen?«
Erna Fischer: »Ja, vielleicht muss es jetzt endlich sein. Ich möchte aber zu einem anderen Arzt, wissen sie, meiner, der kennt auch meine Nachbarin.«
Altenpflegerin: »Ja, natürlich, keiner wird davon etwas erfahren. Wenn Sie möchten, kann eine unserer Schwestern Sie zum Arzt begleiten.«
Erna Fischer: »Ja, ich bleibe erst mal hier. Ich fühle mich zum ersten Mal verstanden und allein kriege ich im Moment nichts auf die Reihe.«
Bei Erna Fischer bestätigt sich der Verdacht auf eine HIV-Infektion. Am Vollbild AIDS erkrankte sie nach ihrer Scheidung. Nach guter medikamentöser Einstellung durch ihren neuen Hausarzt ist ihr Gesundheitszustand stabiler

Lernbereich 1: Aufgaben und Konzepte in der Altenpflege

geworden. Sie hat sich sehr gut beraten lassen und wieder in einen normalen Lebensalltag zurückfinden können.
Nach der gründlichen Beratung ist sie aus dem Heim, in dem sie sich sehr wohl gefühlt hat, ausgezogen und arbeitet nun stundenweise in einem kleinen Blumenladen um die Ecke. Sie hat Glück und kann sich die Arbeitszeit selbst einteilen. Wenn sie sich mal nicht so gut fühlt, kann sie sich zwischendurch ausruhen.
So war es vor sechs Jahren.

Erna Fischer kommt nach sechs Jahren erneut zur Heimaufnahme
Biografie:
Erna Fischer ist in Gummersbach geboren und aufgewachsen, hat dort ihr Abitur gemacht und anschließend das Floristik-Geschäft ihrer Eltern übernommen. Dies hat sie bis vor sechs Jahren selbstständig geführt. Seit sieben Jahren ist sie von ihrem Mann geschieden. Er war Maschinenbauer und hat durch Auslandsaufenthalte viel verdient. Erna Fischer hat mit ihrem Mann zwei Söhne. Vor sechs Jahren erfuhr sie, dass sie HIV-positiv ist und die Krankheit ist ausgebrochen. Zu ihren Söhnen hat Erna Fischer in den letzten Jahren einen guten Kontakt. Ihr eigenes Floristik-Geschäft gab sie auf und arbeitete bis vor einem Jahr als Aushilfe in einem anderen Geschäft. Aufgrund ihrer Erkrankung hatte sie mehrere Infekte, die nicht zuließen, dass sie Vollzeit arbeiten konnte. Viele Jahre litt sie immer wieder an Depressionen.

Aktuelle Situation:
Erna Fischer kommt auf eigenen Wunsch ins Pflegeheim, weil sie sich dort sicherer fühlt als allein zu Hause. Sie wiegt 47 kg bei einer Körpergröße von 1,68 m. Sie hat eine ausgeprägte Pilzinfektion im Mund und im Genitalbereich. Sie leidet unter Appetitlosigkeit und ekelt sich vor Kochgerüchen. Aufgrund einer Demenz im Anfangsstadium vergisst sie oft die Einnahme ihrer Medikamente. Ihr Allgemeinzustand ist schwankend. An manchen Tagen fühlt sie sich sehr schwach, so dass sie nicht aufstehen kann. Sie sieht oft keinen Sinn mehr in ihrem Leben, insbesondere wenn ihre geschwollenen Lymphknoten stark schmerzen oder sie nicht essen kann, weil ihre Mundschleimhaut schmerzt.

Besondere Wünsche:
Erna Fischer wünscht sich, dass ihre beiden Söhne ihr beim Sterben beistehen. Sie hat einem Sohn eine Gesundheitsvollmacht erteilt und eine Patientenverfügung hinterlegt. Sie möchte nicht mehr ins Krankenhaus verlegt werden, aber dennoch keine Schmerzen erleiden.

Besondere Belastungen:
Erna Fischer kann es immer noch nicht fassen, dass sie an Aids erkrankt ist.

> **Bearbeitungshinweis:**
> - Erstellen Sie für Erna Fischer einen individuellen und umfassenden Pflegeplan.

Lernfeld 1.3 Alte Menschen personen- und situationsbezogen pflegen

> **Bearbeitungsschwerpunkte:**
> - Verdacht auf Pneumonie
> - Fieber
> - Atemnot
> - Infusionstherapie
> - Ärztliche Verordnungen durchführen/Lernfeld 1.5

Antonia Schupper friert vor Fieber

Antonia Schupper, 72 Jahre alt, allein stehend, wurde heute morgen von ihrem Hausarzt mit Atemnot und Fieber in die Innere Abteilung Ihres Krankenhauses eingeliefert, nachdem ihre Freundin sie in ihrer Wohnung besucht und zum Hausarzt gefahren hatte.

Antonia Schupper ringt sehr stark nach Luft und ist fiebrig verschwitzt. Sie ist ansprechbar, aber das Sprechen bereitet ihr große Schwierigkeiten. Sie gibt an, dass sie seit zwei Tagen Fieber hat und dass sie annahm, dass sie eine Grippe habe.

Im Röntgenbild sieht man eine Verschattung im Sinne einer Pneumonie. Die Laborbefunde weisen eine massive Leukozytose auf. Das EKG ist altersentsprechend unauffällig.

Die Behandlung, die vom Stationsarzt angeordnet wird, besteht aus einer antibiotischen Therapie und Inhalationen.

Antonia Schupper wirkt sehr erschöpft und kann nicht aufstehen. Ihre Haut erscheint sehr trocken und heiß, die Zunge ist borkig belegt, die Lippen sind leicht zyanotisch. Trotz der durchgeführten Maßnahmen hat sie nachmittags einen sehr starken Temperaturanstieg. Dieser geht mit Schüttelfrost einher.

> **Bearbeitungshinweise:**
> - Erarbeiten Sie zu diesem Fallbeispiel prüfungsrelevante Fragen und Aufgabenstellungen zu den Lernfeldern 1.3 und 1.5.

Lernfeld 1.3 Alte Menschen personen- und situationsbezogen pflegen

Pflege multimorbider alter Menschen

> **Bearbeitungsschwerpunkte:**
> - Dekubitus
> - Kachexie
> - Exsikkose
> - Fieber
> - Verdacht auf Harnwegsinfekt
> - Ärztliche Verordnungen durchführen/Lernfeld 1.5

Elfriede Wasser nimmt keine Nahrung mehr zu sich

Elfriede Wasser, 79 Jahre alt, lebt seit vier Jahren, seit sie sich nicht mehr selbstständig versorgen kann, bei ihrer Tochter. Vor zwei Jahren stürzte sie sehr schwer und zog sich eine linksseitige Oberschenkelhalsfraktur zu. Ihr damaliger Allgemeinzustand erlaubte keine Operation. Ein nachfolgender Aufenthalt in einer Rehaklinik brachte keinen Erfolg.

Seit einem Jahr ist Elfriede Wasser bettlägerig und wird von ihrer Tochter mit Unterstützung eines ambulanten Pflegedienstes gepflegt. Am Trochanter major rechts hat sie einen Dekubitus Grad IV. Der Hausarzt verordnete vor einigen Wochen eine peripher venöse Infusionstherapie.

Seit einigen Tagen nimmt Elfriede Wasser keine Nahrung und nur noch wenig Flüssigkeit zu sich. Die Tochter macht sich große Sorgen um Elfriede Wasser, da sie bei einer Körpergröße von 1,70 m ohnehin nur 48 kg wiegt.

Gestern Abend hatte Elfriede Wasser eine Körpertemperatur von 39,2 °C. Ihr Urin ist am Morgen dunkel und übel riechend. Nach Rücksprache mit dem Arzt soll eine sterile Urinprobe zur bakteriologischen Untersuchung in die Praxis gebracht werden.

Bearbeitungshinweise:
- Schildern Sie die professionellen Behandlungsmethoden für Dekubital-Ulzera.
- Was müssen Sie bei einer peripher venösen Infusionstherapie beachten?
- Schätzen Sie den Ernährungszustand von Elfriede Wasser ein.
- Erklären Sie Methoden zur sterilen Uringewinnung.
- Erklären Sie das richtige pflegerische Verhalten bei Fieber von alten Menschen.
- Schätzen Sie den Gesamtzustand von Elfriede Wasser ein.
- Nennen Sie wesentliche medizinische und sozialpflegerische Pflegeaspekte, die für Elfriede Wasser wichtig wären.
- Entscheiden Sie, welche Pflegemaßnahmen hier absolute Priorität haben.

Lernbereich 1: Aufgaben und Konzepte in der Altenpflege

Lernfeld 1.3 Alte Menschen personen- und situationsbezogen pflegen

Bearbeitungsschwerpunkte:
- Multimorbidität verstehen
- Polypharmakologie kennen

Sophie Hinte war häufig krank

Sophie Hinte hat während ihres 78-jährigen Lebens die verschiedensten Krankheiten erleiden müssen.

Schon als junge Frau hatte sie mit Übergewicht zu kämpfen. Eine Gallenoperation in frühester Jugend und ein Diabetes mellitus bereiteten ihr jahrelang Probleme. Außerdem litt sie an einem arteriellen Hypertonus und schwersten Gelenkschmerzen.

Mit 72 erlitt sie einen leichten Schlaganfall, von dem sie sich aber wieder recht gut erholte. Jedoch hat sie seitdem einen enormen Bewegungsmangel. Nun wird Sophie Hinte wegen einer Pneumonie ins Krankenhaus eingeliefert.

Bearbeitungshinweise:
- Definieren Sie das Wort »multimorbid« und nehmen Sie kritisch Stellung.
- Erklären Sie wechselseitige Zusammenhänge und Verstärkungen im Sinne der Multimorbidität.
- Alte Menschen, bei denen mehrere Krankheiten gleichzeitig diagnostiziert werden, sind meistens einer Polypharmakologie ausgesetzt. Was versteht man darunter?
- Nennen Sie typische Nebenwirkungen der Polypharmakologie. Nennen Sie mögliche Auswirkungen der Polypharmakologie auf alte Menschen.
- Über welche Fachkenntnisse müssen Pflegefachkräfte verfügen, wenn sie multimorbide alte Menschen pflegen?

Lernfeld 1.3 Alte Menschen personen- und situationsbezogen pflegen

Pflege alter Menschen mit chronischen Schmerzen

Bearbeitungsschwerpunkte:
- Schmerzen bei chronischer Polyarthritis
- Ärztliche Verordnungen durchführen/Lernfeld 1.5

Gerlinde Donners Gelenke schmerzen

Gerlinde Donner ist 74 Jahre alt und lebte bislang mit ihrem Bruder, der vier Jahre jünger ist, zusammen im Elternhaus, das sie vor 20 Jahren geerbt haben. Gerlinde Donner ist seit zehn Jahren Frührentnerin, bedingt durch eine immer weiter fortschreitende Polyarthritis. Sie konnte ihren Beruf als Modellschneiderin nicht weiter ausführen, und häufige Krankenhausaufenthalte waren in den letzten 15 Jahren notwendig.

Mit 30 Jahren bemerkte Gerlinde Donner zum ersten Mal, dass ihre Fingergrundgelenke stark geschwollen waren und schmerzhafte Veränderungen die Fingerbeweglichkeit einschränkten. Schon ihr Vater litt an dieser Erkrankung. Finanziell ging es dem Geschwisterpaar Donner immer recht gut. Gerlinde Donner hat eine ausreichende Rente und Mietzahlungen waren nicht notwendig.

In den letzten zwei Jahren nahmen die entzündlichen Veränderungen so stark zu, dass sich Gerlinde Donner mittlerweile mit starken Beugekontrakturen im Hüft- und Kniegelenk und mit einer Spitzfußstellung beider Füße fast ausschließlich im Rollstuhl aufhalten muss. Morgens dauert es fast eine Stunde, bis sie sich einigermaßen bewegen kann. Die Gelenkveränderungen beider Hände und Finger sind so stark, dass sie ihre Mahlzeiten nur mit speziell angefertigtem Besteck zu sich nehmen kann.

Bislang haben ihr Bruder und eine Nachbarin die erforderliche Pflege übernommen. Vor zwei Monaten hat das Geschwisterpaar Donner gemeinsam beschlossen, dass ein Umzug ins Altenheim für Gerlinde Donner unumgänglich wird. Gerlinde Donner berichtet bei einem Gespräch im Vorfeld der Aufnahme: »Mittlerweile brauche ich täglich Schmerzspritzen, sonst halte ich das nicht aus. Das können mein Bruder und die Nachbarin nicht. Es wird auch zu viel Arbeit für die beiden. Überhaupt das mit den Schmerzen, das geht so nicht weiter. Ich hoffe, Sie können mir helfen. Mein Hausarzt konnte es nicht mehr.«

Bearbeitungshinweise:
- Nehmen Sie Stellung zu Ursachen, Symptomen, Diagnostik und Therapiemöglichkeiten der chronischen Polyarthritis.
- Nennen Sie pflegerische Maßnahmen, die Gerlinde Donner Erleichterung verschaffen können.
- Schätzen Sie die Bedeutung der Schmerztherapie bei der Polyarthritis ein.
- Beschreiben Sie konkret eine effektive Schmerztherapie für Gerlinde Donner.
- Nennen Sie Schmerz-Assessmentinstrumente.
- Beschreiben Sie eine perfekte Zusammenarbeit mit dem Arzt, der für die Schmerzmedikation verantwortlich ist.
- Beschreiben Sie, welche Maßnahmen vor dem Einzug ins Heim erfolgen müssen.
- Führen Sie auf, welche Kosten im Pflegeheim entstehen werden.
- Erklären Sie, wie es zu einer Einstufung in eine Pflegestufe kommt.

Lernfeld 1.3 Alte Menschen personen- und situationsbezogen pflegen

Pflege alter Menschen in existenziellen Krisensituationen

Bearbeitungsschwerpunkte:
- Hoffnungslosigkeit
- Verlust
- Trauer
- Ausweglosigkeit

Lernfeld 1.3

Gerda Warstein fühlt sich vom Schicksal überfordert

Gerda Warstein ist 82 Jahre alt und leicht pflegebedürftig. Sie hat sechs Kindern das Leben geschenkt. Ihr Mann ist nach der Geburt des sechsten Kindes vor 48 Jahren bei einem Unfall verstorben. Das war damals ein harter Schlag für sie. Sie konnte ihren Schmerz kaum überwinden, aber als allein erziehende Mutter hatte sie kaum Zeit zum Trauern. Gerda Warstein ist keine neue Beziehung zu einem Mann eingegangen.

Mit ihrer kleinen Landwirtschaft ernährte sie die Familie und einer ihrer Brüder half gelegentlich.

Bei einem Brand des Stalles und des Wohnhauses vor 40 Jahren verlor sie zwei ihrer Kinder und ihr geerbtes Kapital weitestgehend. Eine Versicherung kam für den Schaden nicht auf. Mit größter Mühe hat Gerda Warstein ihre Kinder bis zur Selbstständigkeit durchgebracht.

Nun wohnt sie bei einem ihrer Söhne und dessen Familie. Sie hat zu Sohn, Schwiegertochter und den Enkeln ein liebevolles und herzliches Verhältnis.

Heute erfährt Gerda Warstein, dass ihr Sohn, seine Frau und zwei der Kinder bei der Rückreise aus dem Urlaub in einen schrecklichen Autobahnunfall verwickelt waren. Bis auf ein Kind sind alle ums Leben gekommen.

Gerda Warstein kann nicht mehr allein im Haus des Sohnes bleiben. Sie weiß nicht wohin. Sie kann ihr Schicksal nicht fassen und sieht keinen Ausweg mehr.

Bearbeitungshinweise:
- Beschreiben Sie Situationen, die von alten Menschen als existenziell bedrohend erlebt werden können.
- Überlegen Sie sich Situationen in Ihrem eigenen Leben, die Sie als existenziell bedrohend erlebt haben.
- Nennen Sie Gefühle von Menschen, wenn sie existenziell bedrohende Erfahrungen machen.
- Diskutieren Sie, ob und, wenn ja, wie man Menschen, die jede Hoffnung verloren haben, beistehen kann.
- Diskutieren Sie die Sichtweise »Schicksal im Leben«.
- Welche Hilfen sollten Gerda Warstein angeboten werden?

Lernbereich 1: Aufgaben und Konzepte in der Altenpflege

Lernfeld 1.3   Alte Menschen personen- und situationsbezogen pflegen

Pflege dementer und gerontopsychiatrisch veränderter alter Menschen

Bearbeitungsschwerpunkte:
- Wahnvorstellungen
- Alkoholabusus, Nikotinabusus
- Chronische Pankreatitis
- Diabetes mellitus(sekundär), Bz-Kontrollen, Insulingabe
- Adipositas
- Schwere chronisch-venöse Insuffizienz
- i.m Injektion
- Ärztliche Verordnungen durchführen/Lernfeld 1.5

Johannes Dobler fühlt sich bedroht

Johannes Dobler, 72 Jahre alt, lebt seit mehr als zehn Jahren in einem Altenheim mit gerontopsychiatrischem Schwerpunkt. Seine Biografie schildert mehrere Scheidungen, viele Jahre der Arbeitslosigkeit und einen schweren Alkoholabusus.

Als er 40 Jahre alt war, wurde Johannes Dobler erstmalig wegen Wahnvorstellungen stationär behandelt. Mit 50 Jahren hatte er eine schwere Pankreatitis mit chronischem Verlauf. Seitdem ist er insulinpflichtiger Diabetiker (Depotinsulin 20 IE morgens und 8 IE abends s. c.). Außerdem hat er eine schwere chronisch-venöse Insuffizienz. Deswegen trägt er täglich spezielle Kompressionsstrümpfe.

Johannes Dobler ist mit einem Körpergewicht von 102 kg bei einer Körpergröße von 1,64 m sehr adipös. Sein Hunger ist ungebremst, ebenso wie sein Verlangen nach Zigaretten.

Johannes Dobler hat Störungen im »Ich-Erleben« und in der Wahrnehmung. Seine Umgebung erscheint ihm häufig fremd, unwirklich und bedrohlich. Er vermutet, dass andere Menschen ihm Gedanken »einflüstern« und dass er gesteuert wird. Bäume oder Gegenstände nimmt er oft als Personen wahr, die ihn

bedrohen. Durch die Behandlung mit entsprechenden Medikamenten sinken die Angstzustände auf ein für ihn ein erträgliches Maß ab.
Heute soll ihm wieder ein Depotneuroleptikum intramuskulär verabreicht werden. Außerdem fällt Ihnen als Pflegekraft bei der Hilfe während der morgendlichen Körperpflege auf, dass die Kompressionsstrümpfe nicht aufzufinden sind.

Bearbeitungshinweise:
- Erstellen Sie einen individuellen Pflegepan für Johannes Dobler.
- Erarbeiten Sie das professionelle Pflegeverhalten für die o. a. Bearbeitungsschwerpunkte.
- Führen Sie in einer fachpraktischen Übung eine korrekte i. m. Injektion durch.

Lernfeld 1.3 Alte Menschen personen- und situationsbezogen pflegen

Bearbeitungsschwerpunkte:
- Alzheimersche Erkrankung
- Übergang in die Kurzzeitpflege

Theo Quadt ist ziel- und planlos

Theo Quadt, 69 Jahre alt, wird seit zwei Jahren von seiner Ehefrau zu Hause betreut. Er leidet unter der Alzheimerschen Erkrankung. Seine körperliche Verfassung ist sehr gut.
Als er vor zwei Jahren zum ersten Mal auffällig wurde, war die Situation folgende: Theo Quadt wurde von der Polizei als hilflose Person im Stadtgarten auf einer Parkbank liegend aufgefunden. Er konnte keine Angaben zu seiner Person machen. Im weiteren Verlauf der Erkrankung verlor er die Fähigkeit, gewohnte Tätigkeiten wie Körperpflege, Ankleiden und Essen auszuführen. Seine Mimik und Gestik blieben unverändert, so dass der Nachbarschaft und auch den Freunden der Familie zunächst nichts Krankhaftes auffiel.
In der weiteren Zeit wurde er in einer gerontopsychiatrischen Klinik behandelt, jedoch zeigte die Therapie keinen zufriedenstellenden Erfolg. Theo Quadt ist zeitlich und örtlich desorientiert. Kleinere Hilfsmittel wie Symbole

und ein stark strukturierter Tagesablauf ermöglichen ihm Selbstständigkeit in Grenzen.
Nach dem Krankenhausaufenthalt wurde er von seiner acht Jahre jüngeren Ehefrau zu Hause betreut. In seiner gewohnten Umgebung fand er sich einigermaßen zurecht. Das Ehepaar Quadt unternahm in der Zeit der Erkrankung häufig kurze Urlaubsreisen und Ausflüge, die Theo Quadt gut gefielen. Zur Entlastung seiner Ehefrau, die einen Erholungsurlaub machen wollte, war er bereits für drei Wochen im Kurzzeitpflegeheim. Dort, wie auch zu Hause, ist er häufiger ziellos umhergeirrt und wurde als hilflose Person häufiger in verschiedene Krankenhäuser eingeliefert.
Theo Quadt war von Beruf Postbeamter und konnte aufgrund seiner Erkrankung seinen Beruf nicht weiter ausführen. Er wurde frühzeitig pensioniert. Das Ehepaar Quadt lebt in einem Reiheneigenheim. Die Ehe ist kinderlos, weitere Verwandte leben weit entfernt.
Frau Quadt war heute einkaufen und verunfallte mit dem PKW. Sie wurde mit einer Schenkelhalsfraktur in das städtische Krankenhaus eingeliefert. Bei der Aufnahme äußert sie den Wunsch, dass ihr Ehemann in das Kurzzeitpflegeheim eingeliefert wird. Die Sozialarbeiterin und der behandelnde Arzt veranlassten die Aufnahme.
Theo Quadt kann sofort aufgenommen werden. Frau Quadt gibt den verantwortlichen Personen die Wohnungsschlüssel. Bei der Aufnahme ins Kurzzeitpflegeheim ist Theo Quadt zeitlich und örtlich desorientiert. Er versteht nicht, was mit seiner Ehefrau geschehen ist. Seine Merkfähigkeit ist sehr stark eingeschränkt. Er spricht nur einzelne Silben und unverständliche Wortfetzen. Der Sprachklang ist erhalten, und er zeigt eine freundliche Persönlichkeit.
Nach Angaben der Ehefrau hat der Hausarzt hirndurchblutungsfördernde Medikamente verordnet, die Theo Quadt regelmäßig einnehmen muss. Zur Pflege seiner Inkontinenz trägt Theo Quadt eine Windel, und nach Angaben der Ehefrau hat er feste Zeiten für seine Ausscheidung.

Bearbeitungshinweis:
- Erarbeiten Sie mögliche Prüfungsfragen zu diesem Fallbeispiel.

Lernfeld 1.3 Alte Menschen personen- und situationsbezogen pflegen

Bearbeitungsschwerpunkte:
- Gerontopsychiatrische Fachpflege bei Verwirrung
- Milieuumstellung

Sieglinde Faulenbach verliert die ihr bekannte Wirklichkeit

Sieglinde Faulenbach, 82 Jahre alt, lebt in der Familie ihres Sohnes und erfreute sich bislang guter Gesundheit.

Ihr Sohn Lorenz, 56 Jahre alt, ihre Schwiegertochter Erika, 52 Jahre alt, und ihre Enkeltochter Doris, 30 Jahre alt, sowie deren Kindern Susanne und Sebastian, 5 und 2 Jahre, leben zusammen mit Sieglinde Faulenbach in einem Haus. Sieglinde Faulenbach hat zwar ihr eigenes Zimmer, lebt aber sonst mit im Haushalt ihrer Schwiegertochter. Sieglinde Faulenbach scheint organisch gesund zu sein, wird aber seit dem letzten Jahr hin und wieder auffällig durch Konzentrationsstörungen, Gedächtnisverlust und Orientierungsstörungen.

Lorenz und Erika Faulenbach planen nun eine Urlaubsreise und sind sich sicher, dass sie die Mutter nicht mehr allein zu Hause lassen können. Beim Aufnahmegespräch im Kurzzeitpflegeheim berichtet die Schwiegertochter: »Wir waren schon vier Jahre nicht mehr in Urlaub. Ich hatte immer die Kinder unserer Tochter Doris, wissen Sie, die lebt ohne Mann, und da musste sie immer arbeiten gehen. Deswegen kann sie sich jetzt auch nicht um die Mutter kümmern.

Und dann hatte ich ja auch noch immer unsere Oma. So geht es noch ganz gut mit ihr, aber manchmal bringt sie doch so manches durcheinander. Morgens früh weiß sie oft nicht, wer wir sind, und dann stellt sie immer den Elektroherd an und will kochen, obwohl ich das doch immer mache. Aber wenn ich ihr gut zurede, geht es, aber das auch nur an manchen Tagen. Wissen Sie, allein lassen können wir sie nicht mehr, da hätten wir keine Ruhe, und deshalb haben wir uns überlegt, sie für vier Wochen zu Ihnen zu bringen.«

Sieglinde Faulenbach ist seit fünf Tagen Bewohnerin Ihres Kurzzeitpflegeheims. Der Wechsel von zu Hause ins Heim klappte ganz gut. Sie bewohnt ein Einzelzimmer, in dem sie sich, wie das Pflegepersonal behauptet, wohl fühlt. Heute Morgen um 7.30 Uhr betrat eine Altenpflegerin das Zimmer von Sieglinde Faulenbach und fand Folgendes vor: Sämtliche Möbelstücke waren ge-

Lernbereich 1: Aufgaben und Konzepte in der Altenpflege

öffnet, der Inhalt im ganzen Zimmer verteilt. Sieglinde Faulenbach ließ sich durch das Erscheinen der Altenpflegerin nicht weiter stören, sondern schien unaufhörlich nach einem bestimmten Kleidungsstück zu suchen. Überall im Zimmer waren Kaffeebohnen verteilt: in der Blumenvase, in der Schublade, in einer Kaffeetasse, in ihren Schuhen usw.

Die Altenpflegerin ging zurück zum Dienstzimmer, um einen Kollegen zu holen. Als beide in das Zimmer von Sieglinde Faulenbach zurückkamen, versucht diese gerade, sich ihre Unterhose mit einer Sicherheitsnadel an der Haut festzustecken.

Bearbeitungshinweise:
- Klären Sie die medizinischen Grundlagen demenzieller Erkrankungen.
- Schildern Sie die Funktionen eines gesunden Gehirns.
- Beschreiben Sie umfassend die Pflege und Begleitung demenziell erkrankter Menschen.
- Erarbeiten Sie, welche Aussagen Tom Kitwood zu den Bedürfnissen demenziell erkrankter Menschen getroffen hat.
- Wie könnte Sieglinde Faulenbach die Milieuumstellung ins Kurzzeitpflegeheim erleichtert werden? Nennen Sie konkrete Maßnahmen.
- Wie erklären Sie, dass Sieglinde Faulenbach beim Feststecken der Sicherheitsnadeln keine Schmerzen empfindet?
- Befassen Sie sich mit folgenden Betreuungs- und Therapiekonzepten für demenzkranke Menschen:
  - Biografieorientierte Pflege
  - Milieutherapie
  - Gedächtnistraining
  - Personenorientierter Pflegeansatz
  - Mäeuthisches Pflegekonzept
  - Medikamentöse Therapie

Lernfeld 1.3 Alte Menschen personen- und situationsbezogen pflegen

Bearbeitungsschwerpunkt:
- Deprivationssyndrom

Klemens Kleineich außerhalb der Institution

Klemens Kleineich, 59 Jahre alt, lebt seit 22 Jahren in einer gerontopsychiatrischen Langzeitklinik. Erstmals wurde er im Alter von 36 Jahren psychiatrisch auffällig.

Zu dieser Zeit arbeitete er als Hilfskraft in einer Gärtnerei. Seine damaligen Kollegen bemerkten seine Verhaltensänderungen zuerst. Er zog sich daraufhin immer mehr zurück, fehlte häufiger und ihm wurde schließlich gekündigt.

Klemens Kleineich begab sich in ärztliche Behandlung. Der behandelnde Arzt wies ihn mit der Diagnose Schizophrenie in eine Fachklinik ein. Im Rahmen der Behandlung waren mehrere Aufenthalte in verschiedenen psychiatrischen Krankenhäusern notwendig.

Immer wieder stabilisierte sich zwischenzeitlich sein Zustand, so dass Klemens Kleineich seine Gärtnerlehre abschließen konnte. In dieser Zeit lernte er seine Frau kennen, die dann auch ein Kind erwartete. Ein halbes Jahr nach der Hochzeit verschlechterte sich sein Zustand. Weitere Therapien waren die Folge.

Seine Ehefrau trennte sich von ihm brach den Kontakt zu ihm ab. Eine Stabilisierung war nicht in Aussicht, so dass Klemens Kleineich eine Langzeittherapie machen sollte.

Heute ist er immer noch Patient im gerontopsychiatrischen Pflegebereich. Er lebt mit einem anderen Patienten zusammen in einem Zimmer. Am Vormittag geht er in die Beschäftigungstherapie und flechtet dort Körbe. Die Mahlzeiten nehmen in seinem Leben einen wichtigen Stellenwert ein. Er ist der erste im Speisesaal und nach dem Essen leert er die Schüsseln von den anderen Tischen. Klemens Kleineich ist sehr korpulent. Bei der Nahrungszufuhr benutzt er die Hände.

Den Nachmittag verbringt er im Tagesraum der Station und döst vor sich hin, oder er geht den Flur auf und ab. Er raucht sehr viel und trinkt große Mengen

Kaffee. Auf sein Äußeres legt er keinen Wert. Er sieht immer schmutzig und ungepflegt aus. Jeder Tag gleicht bei ihm dem anderen.

Bei Ausflügen und außerhalb der Institution zeigt er jedoch ein ganz anderes Verhalten: Er wünscht vorher saubere Kleidung und ist auch in der Lage, in den Ausflugslokalen selbstständig Kaffee zu bestellen, mit Geld umzugehen und mit anderen Menschen zu reden. Er besteht auch darauf, beim Essen das Besteck zu benutzen.

Bei der Rückkehr in die Institution fällt er wieder in seine alten Verhaltensmuster zurück. Stereotype Verhaltensweisen und monotone Sätze wie: »Gib 'ne Zigarette. Gib 'ne Zigarette. Gib 'ne Zigarette. Halt Schnauze. Halt Schnauze. Halt Schnauze« kennzeichnen seine Sprache.

Bearbeitungshinweise:
- Definieren Sie Hospitalismus und Deprivationssyndrom.
- Erklären Sie mögliche Ursachen für das Verhalten von Klemens Kleineich.
- Befassen Sie sich mit dem Krankheitsbild Schizophrenie.
- Erarbeiten Sie einen Pflege- und Behandlungsplan für Klemens Kleineich.
- Finden Sie in der Pflegepraxis heraus, welches Verhalten von Bewohnern durch das Leben in Einrichtungen geprägt wird.
- Sammeln Sie typische Hospitalismuszeichen im Verhalten von Langzeitbewohnern in Einrichtungen.
- Wie würden Sie auf die sprachlichen Äußerungen von Klemens Kleineich reagieren?

Lernfeld 1.3 Alte Menschen personen- und situationsbezogen pflegen

Pflege alter Menschen mit Suchterkrankungen

Bearbeitungsschwerpunkte:
- Umgang mit Alkoholismus
- Drohendes Delirium

Ferdinand Fugger sieht Käfer

Ferdinand Fugger, 75 Jahre alt, lebt seit acht Jahren im Altenheim. Bis vor einem Jahr war er noch sehr mobil und besuchte jeden Abend das Gasthaus »Zum goldenen Ochsen«, das rund einen Kilometer vom Altenheim entfernt liegt.
Ferdinand Fugger ist Selbstzahler und verfügt über eigenes Geld. Nach außen hin ist er immer sehr freundlich. Er wirkt zufrieden, obwohl er im Altenheim als Einzelgänger gilt. Im letzten Jahr hat sein Allgemeinzustand ziemlich nachgelassen. Das Gehen fällt ihm zunehmend schwerer, und die Wege ins Gasthaus wurden für ihn zu weit. Seit dieser Zeit bekommt er oft Besuch von seinen Bekannten aus dem Gasthaus, mit denen er zusammen Karten gespielt hat.
Die ehemalige Stationsleitung, die diesen Monat berentet wird, hat seit einem dreiviertel Jahr den Verdacht, dass Ferdinand Fugger täglich Alkohol trinkt. Morgens riecht es in seinem Zimmer nach Schnaps, aber gefunden hat sie noch nie etwas. Bei ihrem Übergabebericht an die neue Stationsleitung berichtet sie: »Ich habe immer großen Wert darauf gelegt, dass in meiner Station nicht getrunken wird. Deswegen war der Fugger abends auch immer weg. Ich glaube, der schluckt schon seit langem. Jetzt kann er nicht mehr, und Sie müssen mal sehen, wie Sie damit fertig werden.«
Nachdem die neue Stationsleitung ihre Arbeit seit einer Woche aufgenommen hat, kommt es zu folgendem Vorfall: Ferdinand Fugger liegt seit vier Tagen wegen eines grippalen Infekts im Bett und bekam auch in dieser Zeit keinen Besuch mehr. In der Nacht fällt der Nachtschwester auf, dass er nervös an der Bettwäsche nestelt und mit ängstlicher, verwaschener Sprache spricht: »Käfer! Käfer! Alles voll Käfer! Mein Bett! Alles voll!«
Als die Nachtschwester ihn anspricht, verstärkt sich sein Erregungszustand, und mit unkoordinierten Bewegungen versucht er, aus dem Bett zu kommen.

Lernbereich 1: Aufgaben und Konzepte in der Altenpflege

> Bearbeitungshinweise:
> - Erarbeiten Sie das Krankheitsbild der Alkoholabhängigkeit.
> - Diskutieren Sie: Mit welchem Recht wird/wurde der Konsum von Alkohol in der Wohnstation verboten?
> - Schildern Sie Symptome während des körperlichen Entzugs.
> - Schildern Sie Ihr Verhalten in der aktuell beschriebenen Situation.
> - Welche Beratungsinhalte könnten Ferdinand Fugger bei einer Verhaltensänderung helfen?

Lernfeld 1.3 Alte Menschen personen- und situationsbezogen pflegen

Pflege schwerstkranker alter Menschen

> Bearbeitungsschwerpunkte:
> - Schluckinsuffizienz
> - Enterale Ernährung
> - Osteoporose
> - Harnwegsinfekt
> - Fieber
> - Verdacht auf Pneumonie
> - Dekubitusgefahr
> - Dehydrierung
> - Palliative Pflege

Jolanda Radinger möcht nicht ins Krankenhaus

Sie arbeiten als Altenpfleger/in in einem ambulanten Pflegedienst und sind mit der Pflege von Jolanda Radinger, 86 Jahre, betraut. Wegen einer schweren Osteoporose ist sie seit zwei Jahren bettlägerig. Außerdem wurde ihr wegen einer ausgeprägten Schluckinsuffizienz, die auf neurologischen Ursachen beruht, vor einem Jahr eine PEG gelegt. Jolanda Radinger wollte dies so, denn sie wollte nach ihren Aussagen damals »nicht verhungern und verdursten«. Seitdem wird sie komplett über die PEG ernährt.

Auch die Schmerztherapie, die wegen der Osteoporose notwendig ist, erfolgt über den enteralen Zugang mit Novalgin-Tropfen und Tramadol-Trinktabletten. Sie pflegen Jolanda Radinger schon seit einem Jahr. Jedoch hat sich ihr Allgemeinzustand in den letzten Monaten rapide verschlechtert. Sie hat stark an Gewicht verloren und wirkt dehydriert. Jolanda Radinger ist stark dekubitusgefährdet und hat seit drei Tagen eine erhöhte Körpertemperatur. Sie klagt über Brennen beim Wasserlassen. Vom Hausarzt wird eine Urinkontrolle mittels Einmalkatheterismus angeordnet. Außerdem möchte er kurzfristig eine Venenverweilkanüle legen, um Jolanda Radinger isotone Kochsalzlösung (1000 ml) zu verabreichen.

Sie sagt: »Schwester, nun geht es sicher bald mit mir zu Ende, nicht wahr? Aber wenn es jetzt so sein soll, dann ist es auch gut. Bitte geben Sie mich nicht mehr ins Krankenhaus.«

Bearbeitungshinweise:
- Erstellen Sie einen individuellen Pflegeplan für Jolanda Radinger.
- Nehmen Sie zu den Indikationen für das Legen einer PEG Stellung.
- Beschreiben Sie die Grundsätze einer palliativen Pflege.

Lernfeld 1.3 Alte Menschen personen- und situationsbezogen pflegen

Bearbeitungsschwerpunkte:
- Stenosierendes Ösophaguskarzinom
- Schmerzen
- Aspirationsgefahr
- Bettlägerigkeit
- Blasendauerkatheter
- Ärztliche Verordnungen durchführen/Lernfeld 1.5
- Begleitung von Angehörigen
- Ärztliche Verordnungen durchführen/Lernfeld 1.5

Lernbereich 1: Aufgaben und Konzepte in der Altenpflege

Juliane Zahr möchte bei der Pflege nicht mehr helfen

Juliane Zahr, 68 Jahre alt, leidet an einem stenosierenden Ösophaguskarzinom im Spätstadium und wird zu Hause durch ihren Ehemann und den ambulanten Pflegedienst intensiv versorgt.

Sie ist seit acht Wochen absolut bettlägerig. Bewegungen bereiten ihr Schmerzen, und sie hat keinen Willen mehr, bei Pflegeverrichtungen mitzuhelfen. Bei Bedarf hat der Hausarzt eine Ampulle Tramal 2 ml/100 mg zur i. m. Injektion angeordnet.

Das Karzinom verursacht häufig starke Schmerzen und eine starke Beeinflussung des Schluckvorgangs. Häufig aspiriert Juliane Zahr ihren Speichel. Dann gerät sie in Panik und glaubt, ersticken zu müssen. Zur Sicherheit hat der Pflegedienst ein Absauggerät bereitgestellt. Breiige Nahrung und angedickte Flüssigkeit nimmt sie in kleinen Mengen noch zu sich.

Juliane Zahr hat seit drei Monaten einen Blasendauerkatheter liegen, der dringend gewechselt werden muss. Ihr Ehemann hat Angst vor dem Sterben seiner Ehefrau.

Bearbeitungshinweise:
- Beschreiben Sie die komplette Pflege von Juliane Zahr.
- Schätzen Sie die ärztliche Verordnung zur Schmerztherapie ein.
- Wie stellen Sie sich eine intensive Zusammenarbeit mit den Ärzten vor, um Juliane Zahr optimal pflegen zu können? Wie können Sie diese Vorstellungen realisieren?
- Nennen Sie Bereiche, Handlungen, Anordnungen, die durch einen Arzt verordnet werden müssen.
- Beschreiben Sie, wie der Ehemann unterstützt werden kann.
- Wie gehen Sie mit der Angst von Herrn Zahr um? Beschreiben Sie Ihr Verhalten.
- Zeigen Sie im Rollenspiel, wie Sie das Gespräch mit Herrn Zahr führen.

Lernfeld 1.3 Alte Menschen personen- und situationsbezogen pflegen

Bearbeitungsschwerpunkte:
- Pflege eines schwerstkranken Menschen
- Ernährung über die PEG
- Ärztliche Verordnungen durchführen/Lernfeld 1.5

Franz Krause soll gastrostomiert werden

Franz Krause, 70 Jahre alt, lebt seit ungefähr fünf Jahren im Altenheim »Zur schönen Aussicht«. Seine Ehefrau ist vor sieben Jahren verstorben. In den zwei Jahren, in denen er allein zu Hause lebte, ist er nicht zurechtgekommen. Er konnte auch auf keine Hilfe aus der Familie zurückgreifen. Die Ehe war kinderlos.

Franz Krause war während seiner beruflichen Zeit Ingenieur im Fachbereich Technik in einer Metall verarbeitenden Fabrik, die landwirtschaftliche Maschinen produziert. Dort war er in der Forschungs- und Entwicklungsabteilung tätig. Vor ungefähr zehn Jahren ist er in den Vorruhestand gegangen, weil seine Stelle durch einen jüngeren Ingenieur besetzt wurde. Es war eine harte Zeit für ihn, sagt er im Rückblick.

Seit etwa einem Jahr ist bei ihm ein stenosierendes Ösophaguskarzinom bekannt. Es ist inoperabel. Bislang konnte er mit Flüssigkost ernährt werden. Doch seit einer Woche kann er nichts mehr schlucken. Das Schluckunvermögen bereitet ihm zunehmend Beschwerden, und er musste sich häufig übergeben. Der Hausarzt hat ihm einen Venenzugang gelegt, eine parenterale Ernährung wird durchgeführt.

Trotz seiner schweren Erkrankung war Franz Krause bislang bei einer Körpergröße von 1,72 m und einem Körpergewicht von 70 kg in einem recht guten Allgemeinzustand. Er hat allerdings in den letzten vier Wochen 8 kg Gewicht verloren.

Franz Krause kann seine Körperpflege nicht mehr selbstständig durchführen. Er klagt über zunehmende stechende und brennende Schmerzen in der Speiseröhre. Er berichtet: »Das Sodbrennen habe ich schon jahrelang. Manchmal brennt es wie Feuer, aber es wird immer schlimmer.«

Lernbereich 1: Aufgaben und Konzepte in der Altenpflege

Franz Krause soll nun im Krankenhaus einer Gastrostomie unterzogen werden. Er wird dorthin verlegt. Durchgeführt wird eine perkutane endoskopisch kontrollierte Gastrostomie (PEG). Nach einem Tag wird er ins Altenheim zurückverlegt. Franz Krause soll über den eingelegten Katheter mittels Ernährungspumpe ernährt werden. Die Ernährung soll schonend und einschleichend begonnen werden.

Bearbeitungshinweise:
- Erstellen Sie einen umfassenden Pflegeplan für Franz Krause.
- Erklären Sie, wie der Eingriff einer perkutanen endoskopisch kontrollierten Gastrostomie (PEG) durchgeführt wird.
- Nehmen Sie kritisch Stellung zu Fragen und Kritiken aus ethischer und juristischer Sicht zum Thema »Legen einer PEG bei alten Menschen«.
- Erstellen Sie für Franz Krause einen Ernährungs- und Flüssigkeitsplan, nachdem Sie die erforderliche Energiemenge und Flüssigkeitssubstitution errechnet haben.
- Beschreiben Sie einen sinnvollen Kostaufbau.
- Erklären Sie den richtigen Umgang mit einem Ernährungsautomaten.
- Schildern Sie, welche psychischen Faktoren bei alten Menschen beachtet werden sollen, die extraoral ernährt werden.
- Nennen Sie Maßnahmen, die einer Isolation durch Sondenernährung entgegenwirken.
- Erstellen Sie einen Schmerzplan für Franz Krause.

Lernfeld 1.3 Alte Menschen personen- und situationsbezogen pflegen

Bearbeitungsschwerpunkte:
- Bronchialkarzinom
- Atemnot, Sekretstau
- Schmerzen
- Übelkeit
- Hypertonie
- Kraftlosigkeit
- Exsikkose
- Sterben
- Ärztliche Verordnungen durchführen/Lernfeld 1.5

Robert Termag lässt keine operativen Maßnahmen durchführen

Robert Termag, 78 Jahre, Beamter im Ruhestand, lebt mit seiner Frau Irma im eigenen Haus. Sie haben zwei erwachsene Kinder. Der Kontakt zu den Kindern ist herzlich. Robert Termag war ein stattlicher Mann von 189 cm Körpergröße und 100 kg Körpergewicht. Zeit seines Lebens hat er durchschnittlich 20 Zigaretten am Tag geraucht. Vor Jahren wurde bei ihm ein Bluthochdruck festgestellt, der medikamentös eingestellt wurde.

Vor einem halben Jahr klagte Robert Termag über einen trockenen, nicht abklingenden Reizhusten und begab sich in ärztliche Behandlung. Nach einer Bronchoskopie wurde bei ihm ein metastasierendes Bronchialkarzinom diagnostiziert. Er hat sich entschlossen, keine operativen Maßnahmen durchführen zu lassen.

Seit einigen Tagen fällt ihm das Trinken schwer. Mit seinem Einverständnis kommt heute sein Hausarzt, um einen periphervenösen Zugang zu legen, damit die Flüssigkeitszufuhr gesichert ist. Wegen seines schlechten Allgemeinzustands kann Robert Termag kaum noch das Bett verlassen. Starke Schmerzen an der Wirbelsäule, Atemnot und Angst lassen ihn kaum zur Ruhe kommen. Er ist stark verschleimt und zeitweise nicht in der Lage, das Sekret abzuhusten. Auf ärztliche Anordnung bekommt er bei Bedarf Sauerstoff und bei Übelkeit eine Ampulle Vomex A 2ml/100 mg i. m. gespritzt.

Die örtliche Sozialstation hat die Pflege teilweise übernommen.

Lernbereich 1: Aufgaben und Konzepte in der Altenpflege

> **Bearbeitungshinweise:**
> - Erstellen Sie für Robert Termag einen individuellen Pflegeplan.
> - Nennen Sie Aspekte, die bei einer guten Schmerztherapie beachtet werden müssen.
> - Nennen Sie Maßnahmen, die ärztlich verordnet werden müssen, bevor Sie sie durchführen.
> - Schildern Sie Situationen/Beispiele, in denen Sie von der ärztlichen Verordnung abweichen würden.
> - Vorausgesetzt, Sie haben anders gehandelt, als es die ärztliche Verordnung vorsah, wie verhalten Sie sich?

Lernfeld 1.3 Alte Menschen personen- und situationsbezogen pflegen

Pflege sterbender alter Menschen

> **Bearbeitungsschwerpunkte:**
> - Sterbebegleitung
> - Pflege Sterbender und Verstorbener
> - Unterstützung von Angehörigen

Elfriede Lambert ist verstorben

Elfriede Lambert, 84 Jahre alt, wird seit einem Dreivierteljahr von den Altenpflegerinnen der Sozialstation zu Hause betreut. Sie ist seit dieser Zeit schwer pflegebedürftig, und seit einer Woche hat es den Anschein, als würde sie sterben. Elfriede Lambert lebt im Hause ihrer Tochter und deren Familie. Ihr Schwiegersohn und ihre zwei Enkelkinder, Michael, 8 Jahre, und Manuela, 4 Jahre, haben zu ihr ein gutes Verhältnis. Elfriede Lamberts Tochter hat die Pflege ihrer Mutter übernommen, so weit es ihre Beschäftigung, halbtags als Schreibkraft in einem Büro, erlaubt.

Seit Elfriede Lambert Unterstützung bei allen Aktivitäten des täglichen Lebens benötigt, kommen die Altenpflegerinnen täglich morgens für eine Stunde zu ihr. Mit der Situation, dass Elfriede Lambert nun bald sterben wird, scheint die Familie insgesamt überfordert zu sein. Die Tochter berichtet: »Wir wollen die Mutter aber nicht ins Krankenhaus geben. Wenn wir jemanden anrufen könnten, wenn es so weit ist, wäre es uns eine große Hilfe. Wir wissen sonst nicht, was wir dann tun sollen.«

Bei der morgendlichen Pflege ist Elfriede Lamberts Atmung heute nur noch sehr schwach, ihre Haut ist stark marmoriert, besonders an den Händen und Füßen, ihr Mund ist eingefallen und sie ist nicht mehr bei Bewusstsein.

2.40 Uhr: Das Telefon bei der Dienst habenden Altenpflegerin läutet. Am Telefon ist die Tochter von Elfriede Lambert: »Können Sie schnell kommen? Ich glaube, meine Mutter ist gestorben!«

Bearbeitungshinweise:
- Beschreiben Sie, was zu einer guten Sterbebegleitung gehört.
- Welche Unterstützungen empfehlen Sie für die pflegenden Angehörigen?
- Erklären Sie die notwendigen Maßnahmen, die nach dem Versterben eines Menschen durchgeführt werden sollten.
- Schildern Sie, was Sie über beschriebene Sterbephasen wissen.
- Erklären Sie: Warum haben Angehörige häufig mehr Angst vor dem Versterben ihrer Anvertrauten als die Sterbenden selber?

Lernfeld 1.3 Alte Menschen personen- und situationsbezogen pflegen

Bearbeitungsschwerpunkt:
- Selbstbestimmtes und ungestörtes Sterben

Martha Thelster lässt sich nicht stören

Adalbert und Martha Thelster sind seit 55 Jahren verheiratet und haben Zeit ihres Lebens eine glückliche und erfüllte Ehe geführt. Zu ihren fünf Kindern pflegen sie ein gutes Verhältnis, jedoch legen sie großen Wert darauf, eigenständig in ihren eigenen vier Wänden zu leben.

Adalbert Thelster ist seit einigen Monaten gesundheitlich schwer beeinträchtigt. Das Atmen fällt ihm schwer und häufig wird ihm schwindelig. Der

Pflegedienst kommt dreimal in der Woche und hilft beim Duschen. Martha Thelster hilft ihrem Mann, wo sie nur kann.

»Ich glaub, ich bin nicht mehr lange bei Dir, meine geliebte Martha«, sagt Adalbert Thelster, bevor er an diesem Abend neben ihr im Ehebett einschläft. Gegen vier Uhr morgens wird Martha Thelster wach. Sie hört, wie ihr Mann röchelt und bemerkt, wie dann seine Atmung versagt. Sie schmiegt sich an ihn. »Du hast es geschafft, mein Bester. Ich bin bei Dir und wir lassen uns nun von niemandem stören. Die Kinder machen immer so eine Hektik und den Pflegedienst will ich jetzt auch nicht hier haben. Ich möchte in Ruhe von Dir Abschied nehmen. Mein Leben mit Dir war wunderbar.«

Martha Thelster bleibt bis zum Morgen neben ihrem verstorbenen Mann liegen. Erst um 10.00 Uhr ruft sie den Hausarzt und ihre Kinder an.

Bearbeitungshinweise:
- Diskutieren Sie das Verhalten von Martha Thelster in der Gruppe.
- Sammeln Sie Gründe, warum das Verhalten von Martha Thelster heute in unserer Gesellschaft ehe ungewöhnlich ist.
- Vertreten Sie Ihre Meinung zum Verhalten von Martha Thelster.
- Nehmen Sie Stellung: Warum braucht Abschiednehmen Zeit?

Lernfeld 1.3 Alte Menschen personen- und situationsbezogen pflegen

Handeln in Notfällen, Erste Hilfe

Bearbeitungsschwerpunkte:
- Aspiration
- Atemstillstand
- Demenz
- Vitalzeichenkontrolle
- Herzstillstand
- Reanimation
- Obstipation
- Obstipationsprophylaxe
- Diabetes mellitus Typ II
- Bz-Kontrollen, Insulingabe
- PAVK
- Ärztliche Verordnungen durchführen/Lernfeld 1.5

Paul Maiereit bleibt ohne Atmung am Boden liegen

Sie arbeiten auf einer gerontopsychiatrischen Station in einem Altenheim und haben eine Gruppe von 15 Bewohnern zu betreuen, die Ihnen seit mehreren Jahren bekannt sind.

Einer der Bewohner ist der 76-jährige Paul Maiereit. Er lebt seit vier Jahren in der Station und leidet an Demenz. Bis auf massive Orientierungsdefizite zur Person, zum Ort und zur Zeit wirkt er immer noch agil. Er hat einen ausgeprägten Bewegungsdrang und stets guten Appetit. Er ist insulinpflichtiger Diabetiker Typ II (Depotinsulin morgens 20 IE und abends 8 IE s. c.) und leidet an einer beginnenden PAVK. Außerdem wissen Sie, dass er häufig unter Obstipation leidet.

Heute gab es zum Mittagessen Gemüseeintopf mit einem großen Stück Fleischwurst für jeden Bewohner. Diese Mahlzeit ist bei vielen besonders beliebt. So fiebert auch Paul Maiereit dem Mittagessen entgegen und verschlingt gierig seine Mahlzeit.

Plötzlich beginnt er, mit seinen Armen wild in der Luft zu rudern. Er ringt nach Luft, greift sich an die Kehle und versucht, den Speisesaal zu verlassen. Dabei stürzt er zu Boden und bleibt ohne Atmung am Boden liegen.

Da Sie intensiv mit einem anderen Bewohner in einem Zimmer am Ende des Ganges beschäftigt sind, dauert es einige Minuten, bis die anderen Bewohner Sie informieren und Sie zu Paul Maiereit eilen können. Bei der Inspektion der Mundhöhle sehen Sie, dass ein riesiges Stück Fleischwurst die Atemwege versperrt. Bei Paul Maiereit können Sie weder Atmung noch Puls feststellen.

Bearbeitungshinweise:
- Erstellen Sie einen Pflegeplan für Paul Maiereit für die Situation vor dem Notfall, und gehen Sie anschließend auf den Notfall ein.
- Schildern Sie alle notwendigen Erstmaßnahmen, die bei Paul Maiereit durchgeführt werden müssen.
- Üben Sie die Erstmaßnahmen praktisch.
- Welche Maßnahmen würden Sie autonom durchführen und welche führen Sie nicht ohne ärztliche Anordnung durch?
- Hat diese Entscheidung etwas mit Ihrem Aufenthaltsort zu tun?

Lernfeld 1.3 Alte Menschen personen- und situationsbezogen pflegen

Bearbeitungsschwerpunkte:
- Erste Hilfe nach Suizidversuch
- Ärztliche Verordnungen durchführen/Lernfeld 1.5

Pia Grebe versucht, sich das Leben zu nehmen

Im Altenwohnheim »Zum heiligen Franziskus« wohnt seit zwei Jahren Pia Grebe. Sie ist 76 Jahre alt, hatte vergangenes Jahr zwei leichte Schlaganfälle, konnte aber jedes Mal das Krankenhaus ohne starke körperliche Einbußen wieder verlassen. Lediglich ihr rechter Mundwinkel hängt etwas nach unten, so dass ihr manchmal unbemerkt etwas Speichel aus dem Mund läuft, und die Motorik der rechten Hand bereitet ihr etwas Schwierigkeiten. Das Greifen und die Kontrolle der Finger wollen nicht so recht gelingen.

Lernfeld 1.3

Alle Mitbewohner/innen und das Personal ihrer Station sagen: »Da haben Sie aber Glück gehabt. So glimpflich kommen die wenigsten nach einem Schlaganfall davon.«
Pia Grebe selbst sieht dies jedoch völlig anders. Seit ihrem ersten Schlaganfall ist sie mit den Nerven völlig fertig. Das war so ein Schock für sie. Und dann drei Monate später der zweite Apoplex, der sie vollkommen aus der Bahn geworfen hat. Seither hat sie zu nichts mehr Lust. Sie leidet unter starken Depressionen, sitzt fast den ganzen Tag in ihrem Zimmer oder geht mit gebeugtem Kopf stundenlang über den Flur, meist nachts, wenn sie nicht schlafen kann.
Sie hat keinen Appetit, und die Mahlzeiten sind für sie eine Qual. Manchmal spricht sie in monotonen Sätzen zum Personal: »Das macht mich ganz fertig, dass ich nicht schlafen kann. Stundenlang liege ich nachts wach und denke nach. Was soll ich noch hier? Und mir ist immer schlecht, so kotzig. Wenn ich doch noch einen Schlag kriegen würde, dann wäre wenigstens alles vorbei.«
Pia Grebe soll lt. ärztlicher Verordnung Antidepressiva und gelegentlich Schlafmedikamente nehmen, aber die Medikamente zeigen keine Wirkung. Auch alle anderen Versuche, sie etwas mehr in die Gemeinschaft mit einzubeziehen, bleiben erfolglos und verschlimmern ihren Zustand noch. Immer häufiger sagt sie zum Personal: »Lasst mich in Ruhe. So jemanden wie mich könnt Ihr ja eh nicht gebrauchen. Ich glaub, ich bring mich um, dann habt Ihr endlich Ruhe vor mir.«
Das Personal hat sich über Monate an diese Sprüche gewöhnt. »Die ist halt so, da kann man nichts machen. Wir haben alles versucht, aber die will ja nicht anders.« So oder ähnlich lauteten die Berichte des Personals während den Übergaben.
In der letzten Woche war Pia Grebe auffallend still, und das Personal vermutete schon, dass es mit ihr jetzt wohl etwas aufwärts gehen wird.
Heute Morgen jedoch, als die Altenpflegerin um 7.00 Uhr das Zimmer von Pia Grebe betreten will, ergeben sich Schwierigkeiten. Die Tür lässt sich nicht öffnen, von innen wurden Möbel davor geschoben. Nach einigen Versuchen gelingt es dem Personal, das Zimmer zu betreten.
Im Bett liegt Pia Grebe, blutüberströmt. Sie hat sich mit einer Scherbe die Pulsadern am rechten Handgelenk aufgeschnitten. An ihrem linken Arm scheint sie es auch versucht zu haben. Auf der Erde liegen Scherben eines zerbrochenen Teeglases.
Pia Grebe sieht leichenblass aus, aber ein leichter, flacher Puls ist noch zu tasten. Sie ist ohne Bewusstsein, ihre Atmung ist kaum feststellbar.

Lernbereich 1: Aufgaben und Konzepte in der Altenpflege

Bearbeitungshinweise:
- Beschreiben Sie die fachlich korrekten Erste-Hilfe-Maßnahmen, die durchgeführt werden müssten.
- Nehmen Sie Stellung zum Verhalten des Pflegepersonals im Vorfeld des Suizidversuchs von Pia Grebe.
- Erarbeiten Sie anhand der Fachliteratur, wie häufig Suizide im Alter sind.
- Nennen Sie mögliche Ursachen für den Suizid oder Suizidversuch alter Menschen.
- Beschreiben Sie das angemessene bzw. richtige Verhalten, wenn alte Menschen Suizidgedanken äußern.
- Diskutieren Sie das Thema »Schuld und Suizid« kritisch.

Lernfeld 1.3 Alte Menschen personen- und situationsbezogen pflegen

Überleitungspflege, Casemanagement

Bearbeitungsschwerpunkte:
- Sinnvolle Überleitungspflege planen
- PAVK
- Diabetes mellitus Typ II
- Vorfußamputation
- Adipositas
- Obstipation
- Hypertonie
- Immobilität
- Ärztliche Verordnungen durchführen/Lernfeld 1.5

Lernfeld 1.3

Erwin Saupp muss wieder ins Krankenhaus

Erwin Saupp ist 68 Jahre alt und lebt seit drei Jahren im Altenheim auf der Wohnstation. Er konnte sich allein nicht mehr versorgen und wollte ins Heim. Seine Kinder besuchen ihn regelmäßig und auf diese Tage freut er sich sehr. Vor 20 Jahren wurde bei Erwin Saupp ein Diabetes mellitus diagnostiziert. Er ist seit fünf Jahren insulinpflichtig. Sein Hypertonus ist medikamentös eingestellt.

Trotz einer Sehhilfe fällt ihm das Lesen schwer, worüber er sehr traurig ist. An Aktivitäten im Haus nimmt er nicht teil, sondern sitzt den ganzen Tag in seinem Zimmer und schaut aus dem Fenster. Die Durchblutungsstörungen in den Beinen bereiten ihm große Schmerzen. In den letzten Jahren hat er 15 kg zugenommen und wiegt jetzt 90 kg bei 1,74 m Körpergröße. Vor vier Wochen wurde sein rechter Vorfuß wegen einer Zehengangrän amputiert.

Seit fünf Tagen ist Erwin Saupp wieder im Altenheim. Er hat Angst zu fallen und möchte nicht aufstehen. Heute Morgen hat er nichts essen wollen, sein Unterbauch schmerzt und er hat seit vier Tagen nicht abgeführt. Der Hausarzt weist ihn wieder ins Krankenhaus ein.

Bearbeitungshinweise:
- Sammeln Sie in der Pflegepraxis Überleitungsbögen oder Verlegungsprotokolle und vergleichen Sie diese auf ihre Tauglichkeit.
- Erarbeiten Sie selber einen praktikablen und guten Überleitungsbogen.
- Finden Sie heraus, ob es in Ihrer Region eine Arbeitsgruppe »Überleitungspflege« gab oder gibt.
- Das Thema Überleitungspflege ist in Deutschland noch selten anzutreffen. Welche Gründe hierfür vermuten Sie?

Lernbereich 1: Aufgaben und Konzepte in der Altenpflege

Lernfeld 1.3 Alte Menschen personen- und situationsbezogen pflegen

Bearbeitungsschwerpunkte:
- Sinnvolle Überleitungspflege planen
- Metastasierendes Mammakarzinom
- Palliative Pflege

Theodora Zumbach ist alles peinlich

Sie arbeiten als Altenpflegerin in einem Hospiz und sind mit der Pflege Schwerstkranker und Sterbender beauftragt. Gestern Nachmittag berichtete Ihre Hospizleitung Ihnen von einer Patientin, die in drei Tagen zur Aufnahme in Ihre Station kommen soll. Ihre Leiterin bat sie, morgen einen Hausbesuch bei der Patientin, Theodora Zumbach, zu machen, um die entsprechende Pflege vorbereiten und planen zu können.

Bei dem Hausbesuch erhalten Sie folgende Informationen:

Theodora Zumbach ist 72 Jahre alt und lebt im Hause ihres Sohnes. Ihre Schwiegertochter, die sie bislang neben Kindern und Berufstätigkeit gepflegt hat, scheint nervlich äußerst angespannt zu sein. Sie entschuldigt sich tausendmal dafür, dass die Mutter nun ins Heim soll und beteuert, dass sie wirklich nicht mehr kann: »Das ist mir alles zu viel. Ich bin schon selber ganz fertig und am Ende.«

Theodora Zumbach ist nahezu bettlägerig, einige Stunden am Tag verbringt sie sitzend im Lehnstuhl. Vor zwei Jahren ist ihr wegen der Diagnose Mammakarzinom die rechte Brust amputiert worden. Vermutlich wurde die Diagnose zu spät gestellt, denn im ganzen Körper haben sich bereits Metastasen ausgebreitet. Theodora Zumbach klagt über Schmerzen in allen Knochen, ihre Haut und ihre Skleren sind gelblich verfärbt, das Atmen bereitet ihr deutliche Schwierigkeiten. Auch im Bett will sie nur sitzen. Dementsprechend hat sich mittlerweile die Haut im Bereich des Steißbeins abgelöst und ist rot-bläulich verfärbt. Die Schwiegertochter berichtet, dass im Bereich der ehemaligen Operationsnarbe wieder eine Wunde ist. Als Sie den Verband entfernen, zeigt sich Ihnen eine fünfmarkstückgroße, schwarz verfärbte, ulzerierende und übel riechende Wunde.

Beim Verbandwechsel versucht Theodora Zumbach sich ständig zu wehren, es ist ihr offensichtlich peinlich, und sie sagt: »Lasst mich doch in Ruhe. Ich will nicht mehr.«

Sie ist urininkontinent, hat aber keinen Blasendauerkatheter.

Bearbeitungshinweise:
- Überlegen Sie, welche Informationen Sie benötigen, wenn Sie die Pflege von Theodora Zumbach im Hospiz übernehmen wollen.
- Definieren Sie Casemanagement.
- Nennen Sie die Grundsätze der palliativen Pflege und der Hospizarbeit.
- Nennen Sie Möglichkeiten, die Angehörige im Hospiz haben, die sich im Altenheim meistens nicht realisieren lassen.
- Erklären Sie, wieso Mitarbeiter der Hospize besonderen Wert auf eine detaillierte Überleitungspflege legen.
- Nennen Sie Vorteile, die sich ergeben würden, wenn alle an der Altenpflege beteiligten Einrichtungen und Mitarbeiter eine ausgeprägte Überleitungspflege praktizieren würden.
- Erstellen Sie einen Pflegeplan für Theodora Zumbach im Hospiz.

Lernbereich 1: Aufgaben und Konzepte in der Altenpflege

Lernfeld 1.3 Alte Menschen personen- und situationsbezogen pflegen

Bearbeitungsschwerpunkte:
- Verlegung aus dem Krankenhaus in die häusliche Pflege
- Unterstützung bei der Körperpflege
- Herzinsuffizienz
- Diabetes mellitus Typ II
- Immobilität
- Ärztliche Verordnungen durchführen/Lernfeld 1.5

Bruno Ackerschott benötigt häusliche Pflege

Bruno Ackerschott, 74 Jahre alt, lebt mit seiner 72-jährigen Ehefrau gemeinsam in einer Mietwohnung im dritten Stock eines Mehrfamilienhauses. Er war von Beruf Architekt und hat diese Tätigkeit leidenschaftlich gern ausgeübt. Das Ehepaar Ackerschott hat eine gemeinsame Tochter, die 48 Jahre alt ist und drei Kinder hat. Der Kontakt ist gut. Frau Ackerschott war zeitlebens Hausfrau und legt sehr viel Wert auf Sauberkeit. Sie ist sehr rüstig, doch schweres Heben und Tragen bereiten ihr Schwierigkeiten.

Vor vier Wochen musste Bruno Ackerschott wegen seiner zunehmenden Herzinsuffizienz ins Krankenhaus. Dort wurde er mit Digitalis und Diuretika behandelt. Die Herzinsuffizienzsymptome gingen im Verlauf der stationären Behandlung zurück.

Eine allgemeine, zunehmende körperliche Schwäche führte zur Verlängerung des Krankenhausaufenthaltes. Zum Zeitpunkt der Entlassung war Bruno Ackerschott überwiegend bettlägerig. Zu den Mahlzeiten stand er allerdings auf und saß nach dem Essen noch ca. eine Stunde im Sessel. Bei der im Krankenhaus durchgeführten Diagnostik wurde ein Altersdiabetes festgestellt, der mit zwei Tabletten Euglucon 5 eingestellt wurde.

Heute wird Bruno Ackerschott aus dem Krankenhaus entlassen. Über die Sozialarbeiterin im Krankenhaus und durch eine hausärztliche Verordnung ist die häusliche Pflege, aufgrund der allgemeinen körperlichen Schwäche, veranlasst worden.

Bearbeitungshinweise:
- Wie stellen Sie als Mitarbeiterin des ambulanten Pflegedienstes sicher, dass alle wichtigen Informationen aus dem Krankenhaus erfolgen?
- Erklären Sie, was man unter Casemanagement versteht und wie dies praktisch funktionieren könnte.

Lernfeld 1.3 Alte Menschen personen- und situationsbezogen pflegen

Bearbeitungsschwerpunkte:
- Multiple Sklerose
- Überleitung in geplante Kurzzeitpflege

Waltraud Schlieper geht zur Kurzzeitpflege

Waltraud Schlieper, 48 Jahre, leidet seit 15 Jahren an Multipler Sklerose. Sie war Personalsachbearbeiterin bei einer Krankenkasse. In der Zeit lernte sie auch ihren Ehemann kennen. Nach mehreren Schüben, die über die Jahre zu verzeichnen waren, ist sie seit zwei Jahren absolut bettlägerig und pflegebedürftig. Die erheblichen spastisch-zerebralen Ausfälle führten zur absoluten Abhängigkeit. Arme und Beine kann sie nicht mehr bewegen, und sie hat sensible Störungen an den Händen.

Ihr Ehemann berichtet bei der Aufnahme, dass seine Frau häufig euphorisch ist und dass die häufigen Stimmungsschwankungen das Zusammenleben erschweren. Er hielt dennoch über all die Jahre zu ihr und versorgte sie mit Hilfe einer Altenpflegerin aus der Sozialstation zu Hause. Während seiner berufsbedingten Abwesenheit wurde seine Frau von ihrer Schwester betreut, die im Nachbarhaus wohnt.

Waltraud Schlieper kann aufgrund ihrer Bewegungsunfähigkeit keine Tätigkeiten ausführen. Sie wurde bislang morgens und abends komplett im Bett gewaschen. Einmal in der Woche wurde sie gebadet. Besonderen Wert legt sie auf ihre langen Haare, die zu einem Zopf zusammengebunden sind. Bei der Aufnahme fragt sie: »Ist es möglich, dass ich auch weiterhin morgens meinen Schmuck anlegen kann und dass Sie mir die Augen und die Lippen schminken?«

Im Laufe der Zeit richtete Herr Schlieper die Wohnung behindertengerecht ein. Er sagt: »Ich führe bei meiner Frau immer Bewegungsübungen nach Bobath durch. Das hat schon sehr viel geholfen. Zumindest haben sich Folgeerscheinungen sehr verzögert entwickelt. Meine Frau hat zurzeit keine Kontrakturen, und die regelmäßigen halbstündlichen Umlagerungen verhinderten bislang einen Dekubitus.« Weiter berichtet er, dass seine Frau Stuhl- und Urinentleerungsstörungen hat, aber durch ein langes Training konnten mehr oder weniger feste Zeiten zur Entleerung (nach dem Frühstück, vor und nach dem Mittagessen, gegen 15.00 Uhr und vor und nach dem Abendessen) eingerichtet werden.

Nun ist Herr Schlieper, wie er sagt, urlaubsreif und überlegt mit seiner Ehefrau und dem Hausarzt die vorübergehende Pflege in einem Kurzzeitpflegeheim. Waltraud Schlieper ist damit einverstanden, der Hausarzt veranlasst die Einweisung.

Bearbeitungshinweise:
- Erschließen Sie sich das Krankheitsbild der Multiplen Sklerose.
- Erklären Sie die Ursachen für diese neurologische Erkrankung.
- Was wissen Sie über die Verlaufsformen der Multiplen Sklerose?
- Die Pflege von Waltraud Schlieper stellt höchste Anforderungen an das Personal. Schildern Sie, über welche Fachkenntnisse das Pflegepersonal verfügen muss, um die Pflege von Waltraud Schlieper sicherstellen zu können.
- Nennen Sie alle Prophylaxen, die bei Waltraud Schlieper durchgeführt werden müssen.
- Wie planen Sie die perfekte Überleitung ins Kurzzeitpflegeheim?
- Welche Daten würden Sie übermitteln wollen?
- Welche Dokumentations- und Kommunikationsformen halten Sie bei der Überleitungspflege für sinnvoll und richtig?

Lernfeld 1.4 Anleiten, beraten und Gespräche führen

Kommunikation und Gesprächsführung

Bearbeitungsschwerpunkt
- Ein Gespräch aufbauen und halten

Altenpflegeschülerin Carola Lucht weiß nicht, was sie sagen soll

Carola Lucht hat heute ihren ersten Tag im berufspraktischen Einsatz ihrer Altenpflegeausbildung. Voller Aufregung arbeitet sie nun schon seit zwei Stunden in Begleitung ihrer Praxisanleitung im Wohnbereich.

»So«, sagt die Praxisanleiterin, »nun gehst Du noch zu Frau Schneider in Zimmer 14. Sie ist mit der Körperpflege sicher so weit und Du hilfst ihr noch beim Anziehen.«

Carola geht Richtung Zimmer 14. Sie hat ein mulmiges Gefühl, denn so ganz allein war sie noch nie mit einem Bewohner im Zimmer.

Folgendes Gespräch entsteht:

Carola: »Guten Morgen, ich bin Carola, die neue Altenpflegeschülerin. Kann ich Ihnen beim Anziehen helfen?«

Frau Schmitz: »Ach, das hat doch alles keinen Sinn, mit meinen alten Knochen.«

Carola: »Was möchten Sie denn anziehen? Was soll ich aus dem Schrank holen?«

Frau Schmitz: »Und die Schmerzen immer in den Gelenken und ewig allein.«

Carola: »Möchten Sie hier die grüne Bluse anziehen?«

Frau Schmitz: »Und ständig neue Gesichter hier, das macht einen ganz irr.«

Carola: »Sehen Sie mal, es hat heute Nacht etwas geschneit.«

Lernbereich 1: Aufgaben und Konzepte in der Altenpflege

Bearbeitungshinweise:
- Erarbeiten Sie aus der Situationsbeschreibung, warum Carola nicht auf die Signale von Frau Schmitz eingeht.
- Schätzen Sie das beschriebene Gespräch ein.
- Gestalten Sie das Gespräch neu, indem Carola auf die Signale von Frau Schmitz eingeht.
- Üben Sie dieses Gespräch im Rollenspiel.
- Wenden Sie die Elemente der themenzentrierten Interaktion an.
- Welche Gesprächsregeln werden nach Rogers empfohlen?

Lernfeld 1.4 Anleiten, beraten und Gespräche führen

Beratung und Anleitung alter Menschen

Bearbeitungsschwerpunkt:
- Beratungsgespräch nach Unterschenkelamputation

Ludmilla Kaminetzki zieht sich zurück

Ludmilla Kaminetzki, 73 Jahre alt, lebt seit fünf Jahren im Altenheim »Haus Weserblick«. Nachdem ihr Ehemann verstorben war, veranlasste sie selbst die Heimaufnahme. Sie bezieht eine gute Rente und während des Aufenthaltes im Altenheim beteiligt sie sich an allen Aktivitäten und ist sehr unternehmungs- und lebenslustig.

In ihrem bisherigen Leben hat sie drei Kinder großgezogen und sich viel um ihre Enkelkinder gekümmert. Ludmilla Kaminetzki war bei ihren Kindern immer willkommen, und als ihr Ehemann noch lebte, fuhr das Ehepaar regelmäßig zu den Kindern und Enkelkindern.

Seit ihrem 16. Lebensjahr ist bei Ludmilla Kaminetzki ein insulinpflichtiger Diabetes mellitus bekannt. Sie kommt damit gut zurecht, allerdings entwickelte sie im Laufe der Jahre typische Spätfolgen. Eine während des letzten Jahres zunehmende Durchblutungsstörung des rechten Beines mit Entwicklung einer Zehengangrän macht jetzt die Amputation des rechten Unterschenkels nötig. Geplant ist die Versorgung mit einer Unterschenkelprothese.

Lernfeld 1.4

Vor zwei Tagen ist Ludmilla Kaminetzki aus dem Krankenhaus ins Altenheim zurückverlegt worden. Mit dem Rollstuhl wurde sie in ihr Zimmer gefahren. Ludmilla Kaminetzki hat sich in ihrem Wesen verändert. Sie wirkt nun zurückgezogen, in sich gekehrt, und lehnt sämtliche Angebote, am Gemeinschaftsleben teilzunehmen, ab. Selbst das Essen möchte sie auf ihr Zimmer gebracht haben.

Bei der morgendlichen Körperpflege sagt Ludmilla Kaminetzki plötzlich (seit der Einweisung hat sie nichts mehr erzählt): »Ich bin ja nun kein ganzer Mensch mehr. Mein rechtes Bein fehlt mir. Ich kann nicht mehr laufen und ein Holzbein will ich nicht!«

Bearbeitungshinweise:
- Erklären Sie den sinnvollen Aufbau, die Struktur und den Ablauf eines Beratungsgesprächs.
- Welche sinnvollen Informationen würden Sie Ludmilla Kaminetzki vermitteln wollen?
- Wie erzeugen Sie in einem Gespräch Empathie?
- Welche Beratungen würden Sie neben der fachlichen Beratung durch einen Orthopädiemechaniker planen und für sinnvoll erachten?
- Schildern Sie mögliche Grenzen der Beratung.

Lernbereich 1: Aufgaben und Konzepte in der Altenpflege

Lernfeld 1.4 Anleiten, beraten und Gespräche führen

Beratung und Anleitung von Angehörigen und Bezugspersonen

Bearbeitungsschwerpunkt:
- Beratung und Begleitung von Angehörigen als Teil der Sterbebegleitung

Die Tochter von Rothild Tauber möchte am liebsten flüchten

Auf der Pflegestation in Ihrem Altenheim liegt Rothild Tauber, 82 Jahre alt. Sie lebt seit sechs Jahren in Ihrem Heim, erst im Wohnbereich, und seit einem halben Jahr liegt sie pflegebedürftig in Ihrer Station.

Rothild Tauber war nie ernsthaft krank und meist in einem guten Allgemeinzustand. Erst im letzten Jahr schritt der allgemeine Alterungsprozess rasch fort, und sie wurde pflegebedürftig. In den letzten Wochen sprach Rothild Tauber öfter über ihren Tod. So sagte sie häufiger: »Ich glaube, mein Leben geht zu Ende. Wenn es so weit ist, möchte ich, dass meine Tochter und der Herr Pastor da sind und mit mir beten. Ich habe vor einem halben Jahr mein Testament gemacht, und ich habe den Eindruck, dass ich alles geregelt habe.« Mittlerweile wiegt Rothild Tauber nur noch 46 kg bei einer Körpergröße von 1,72 m, d. h., sie ist kachektisch. Durch ihre Bettlägerigkeit ist am Steißbein eine rote Hautverfärbung entstanden.

Seit ungefähr vier Tagen macht Rothild Tauber den Eindruck, als würde sie dem Ende ihres Lebens entgegensehen. Sie scheint im Tiefschlaf zu ruhen und ist auf Ansprache nur schwer aufzuwecken. Ihr Mund wirkt eingefallen und ausgetrocknet.

Der Arzt hat es gestern abgelehnt, eine Magensonde zu legen, da Rothild Tauber noch teelöffelweise schlucken kann. Ihre Atmung wirkt erschwert.

Zu ihrer einzigen Tochter hatte Rothild Tauber immer ein gutes Verhältnis. Sobald es die Tochter neben ihrer Berufstätigkeit einrichten kann, sitzt sie am Bett ihrer Mutter und hilft bei der Pflege. Heute Nachmittag sagt die Tochter zu Ihnen: »Ich kann meine Mutter nicht sterben sehen. Das macht mich ganz fertig. Ich habe an meiner Mutter immer so gehangen. Sind wir denn nicht verpflichtet, noch alles für Sie zu tun? Am liebsten würde ich wegrennen.«

Bearbeitungshinweise:
- Schildern Sie, was Sie der Tochter von Rothild Tauber antworten würden.
- Beschreiben Sie günstige, äußeren Rahmenbedingungen für dieses Gespräch. Auf was würden Sie achten?
- Nennen Sie Gesprächstechniken, die für diese Kommunikation geeignet wären und begründen Sie Ihre Meinung.
- Berichten Sie, wie Sie die Tochter inhaltlich beraten würden.
- Erklären Sie ob, und wenn ja wie, Sie die Tochter in die Pflege von Rothild Tauber mit einbeziehen würden.

Lernfeld 1.4 Anleiten, beraten und Gespräche führen

Anleitung von Pflegenden, die nicht Pflegefachkräfte sind

> **Bearbeitungsschwerpunkte:**
> - Angehörige anleiten

Resi Kupfermann möchte die Pflege übernehmen

Resi Kupfermann möchte ihren Mann nach der Entlassung aus dem Krankenhaus zu Hause weitestgehend allein pflegen. Herr Kupfermann hat einen Schlaganfall erlitten und ist schwerstpflegebedürftig.
Als Mitarbeiterin einer Sozialstation übernehmen Sie die Pflege und sollen Resi Kupfermann nun beraten.

> **Bearbeitungshinweise:**
> - Schätzen Sie Ihre eigene Toleranzgrenze ein. Wie viel Mithilfe können Sie bei der Pflege von Herrn Kupfermann ertragen?
> - Schildern Sie Ihre Erfahrungen: Wann erleben Pflegende die Mithilfe von Angehörigen als störend?
> - Nennen Sie Tätigkeiten, die Resi Kupfermann realistisch übernehmen könnte.
> - Leiten Sie Resi Kupfermann konkret zu praktischen Handreichungen an. Üben Sie dies im Rollenspiel.

Lernfeld 1.5 Bei der medizinischen Diagnostik und Therapie mitwirken

Prüfungsrelevantes Lernfeld! Mögliche Prüfungsfragen/-aufgaben

Durchführung ärztlicher Verordnungen

Bearbeitungsschwerpunkte:
- Injektionen verabreichen
- Ärztliche Verordnungen durchführen

Sophie Fuhrmann konfrontiert Altenpflegeschülerin Theresa

Theresa ist im zweiten Ausbildungsjahr der Altenpflegeausbildung im ambulanten Dienst tätig. Sie pflegt Sophie Fuhrmann in Begleitung ihrer Praxisanleiterin.

Sophie Fuhrmann leidet an schwersten onkologischen Schmerzen und gilt medizinisch als »austherapiert«. Als Sophie Fuhrmann einen Moment lang mit Theresa allein ist, sagt sie: »Theresa, ich habe eine Bitte: In der Schublade ist ein Mittel. Können Sie mir das bitte intravenös spritzen? Ich halte es nicht mehr aus vor Schmerzen. Ich war selber Krankenschwester. Ich zeige Ihnen, wie es geht. Der Arzt versorgt mich nicht ausreichend mit Schmerzmedikamenten.« Theresa ist ratlos.

Bearbeitungshinweise:
- Erklären Sie den Unterschied zwischen einer subkutanen, einer intramuskulären und einer intravenösen Injektion.
- Klären Sie die rechtliche Situation: Wer darf welche Injektionen verabreichen?
- Erklären Sie, welche Voraussetzungen erfüllt sein müssen, wenn Injektionen (außer i. v. Injektionen) ans Pflegepersonal delegiert werden.
- Wie würden Sie sich an Theresas Stelle verhalten?

Lernbereich 1: Aufgaben und Konzepte in der Altenpflege

Lernfeld 1.5 Bei der medizinischen Diagnostik und Therapie mitwirken

Bearbeitungsschwerpunkte:
- Ärztliche Verordnungen durchführen
- Dekubitus Grad IV
- Verdacht auf Harnwegsinfekt
- Infusionstherapie
- Fieber
- Exsikkose, Kachexie
- Alte Menschen personen- und situationsbezogen pflegen/Lernfeld 1.3

Ina Sulanske bedarf verschiedener ärztlicher Anordnungen

Ina Sulanske, 79 Jahre alt, lebt seit vier Jahren, seit sie sich nicht mehr selbst versorgen kann, bei ihrer Tochter. Vor zwei Jahren stürzte sie sehr schwer und zog sich eine linksseitige Oberschenkelhalsfraktur zu. Ihr damaliger Allgemeinzustand erlaubte keine Operation und auch ein Aufenthalt in einer Rehaklinik brachte keine Besserung. Seit einem Jahr ist sie bettlägerig.

Ina Sulanske wird von ihrer Tochter mit Unterstützung eines ambulanten Pflegedienstes gepflegt. Am Trochanter major rechts hat sie einen Dekubitus Grad IV. Eine peripher venöse Infusionstherapie wird durchgeführt.

Seit einigen Tagen nimmt Ina Sulanske keine Nahrung und nur noch wenig Flüssigkeit zu sich. Die Tochter macht sich große Sorgen, da Ina Sulanske ohnehin nur 48 kg bei einer Körpergröße von 1,70 m wiegt.

Gestern Abend hatte Ina Sulanske eine Körpertemperatur von 39,2 °C. Ihr Urin ist am Morgen dunkel und übel riechend. Eine sterile Urinprobe zur bakteriologischen Untersuchung soll erfolgen.

Bearbeitungshinweise:
- Schildern Sie: Welche notwendigen Handlungen, die sich aus dem Fall ergeben, müssen vom Arzt angeordnet bzw. an das Pflegepersonal delegiert werden?
- Erklären Sie, unter welchen Voraussetzungen delegierte Tätigkeiten vom Pflegepersonal übernommen werden dürfen.
- Erklären Sie: Wie würden Sie sich verhalten, wenn Sie bei der Übernahme/Durchführung einer delegierten Tätigkeit unsicher sind?

Lernfeld 1.5 Bei der medizinischen Diagnostik und Therapie mitwirken

Bearbeitungsschwerpunkte:
- Ärztliche Verordnungen durchführen
- Infusionstherapie
- Ileus
- Rechtliche Situation

Maria Sondermann kommt zu spät ins Krankenhaus

Maria Sondermann, 82 Jahre alt, lebt in einem Altenheim. Ihre Kinder, eine Tochter und ein Sohn, beide verheiratet, leben in einem rund 150 km entfernten Ort. Diese Entfernung wurde auch zu einer persönlichen Distanz. Die Häufigkeit der Besuche beschränkt sich auf Weihnachten, Ostern und den Geburtstag der Mutter. Einmal im Jahr holen die Kinder ihre Mutter für ein Wochenende nach Hause.

Maria Sondermann wird heute in Begleitung einer Altenpflegerin auf die geriatrische Station Ihres Krankenhauses eingeliefert. Der Hausarzt stellte die Diagnose Ileus. Der untersuchende Arzt veranlasst eine Röntgenaufnahme des Abdomens im Stehen. Auf der Röntgenaufnahme ist eine klassische Spiegelbildung im Dünndarmbereich zu sehen. Bei der körperlichen Untersuchung stellte der Arzt ein bretthart gespanntes Abdomen fest, die Darmgeräusche fehlen.

Lernbereich 1: Aufgaben und Konzepte in der Altenpflege

Wie Maria Sondermann berichtet, hat sie vor fünf Jahren ein Hörgerät bekommen und sagt: »Aber Sie müssen mit mir laut sprechen. Ich kann Sie sonst nicht verstehen.« Auf die Frage nach dem letzten Stuhlgang antwortet Frau Sondermann: »Ich habe schon immer Last damit gehabt und deshalb regelmäßig Abführmittel genommen. Stuhlgang hatte ich das letzte Mal vor ungefähr einer Woche.« Außerdem gibt sie an, dass sie gestern sehr starke Schmerzen hatte und zeigt auf die Stelle. Die Schmerzen seien nur langsam wieder weggegangen.

Jetzt habe sie ein unstillbares Aufstoßen und starken Brechreiz. Die begleitende Altenpflegerin sagt, dass sich der Allgemeinzustand von Maria Sondermann seit gestern verschlechtert habe und dass Temperatur und Puls angestiegen sind.

Der aufnehmende Arzt fährt die Altenpflegerin an: »Sie kommen viel zu spät mit der Patientin. Das wird Konsequenzen haben.« Als erstes legt der Arzt Maria Sondermann einen intravenösen Zugang und schließt eine Infusion an.

Bearbeitungshinweise
- Erklären Sie, wann Infusionen grundsätzlich vorgenommen werden.
- Welche Utensilien werden zur Infusionstherapie benötigt?
- Klären Sie die rechtliche Situation: Wer führt Infusionstherapien durch und welche Tätigkeiten dürfen an das Pflegepersonal delegiert werden?
- Was ist bei der Pflege von venösen Zugängen zu beachten?
- Welche Therapien werden Maria Sondermann wahrscheinlich bevorstehen?
- Nehmen Sie Stellung zu den Vorwürfen des Arztes und klären Sie die rechtliche Situation.

Lernfeld 1.5 Bei der medizinischen Diagnostik und Therapie mitwirken

Bearbeitungsschwerpunkte:
- Herzrhythmusstörungen
- Angina pectoris
- Ärztliche Verordnungen durchführen

Gerda Küster begibt sich in medizinische Diagnostik und Therapie

Gerda Küster, 70 Jahre alt, wird heute von ihrem Hausarzt in die geriatrische Abteilung Ihres Krankenhauses eingewiesen. Die Einweisungsdiagnose lautet: Verdacht auf Herzrhythmusstörungen und Angina pectoris. Die Patientin ist 162 cm groß und wiegt 98 kg. Sie wirkt sehr korpulent.

Das sofort geschriebene EKG bestätigt die Herzrhythmusstörungen. Die abgenommenen Blutwerte ergeben keinen Hinweis auf einen Herzinfarkt und sind auch sonst in der Norm. Der Blutzucker ist allerdings erhöht (220 mg/dl). Gerda Küster gibt an, dass sie zuckerkrank ist und zweimal täglich eine Tablette Euglucon 5 einnehmen muss. Weiter erzählt sie, dass sie mit ihrem Ehemann eine Eigentumswohnung hat, doch sei ihr Ehemann zurzeit in Kur. Er hatte vor einem Vierteljahr einen Herzinfarkt und soll sich jetzt einmal so richtig auskurieren.

Gerda Küster wird in ihr Zimmer gebracht. Vor dem Aufnahmegespräch macht sie einen etwas verwirrten, sehr unruhigen Eindruck. Sie nestelt an der Bettdecke, und in ihrem Gesicht ist Unsicherheit zu sehen. Sie erzählt über den anstrengenden Weg ins Krankenhaus und dass sie die Fahrt mit dem Krankenwagen nicht gut verkraftet hat. Auf die Frage, wie das Ganze denn passiert sei, sagt sie: »Ich wollte mit meiner Freundin in Urlaub fahren und meinen Mann in der Kur besuchen. Die Reisevorbereitungen haben mich sehr angestrengt. Und da ist es passiert. Ich bekam sehr starke Schmerzen in der Brust und bin gestürzt. Gott sei Dank habe ich mir nichts gebrochen. Meine Freundin hat dann den Arzt gerufen, und der hat mich ins Krankenhaus eingewiesen.«

Die ärztlichen Verordnungen lauten zunächst:
- Absolute Bettruhe
- Infusionstherapie

Lernbereich 1: Aufgaben und Konzepte in der Altenpflege

- Thromboseprophylaxe nach Standard
- Diabetes-Diät 1200 kcal
- Blutdruck- und Pulskontrolle zweistündlich
- Bei Bedarf eine Nitrolingual-Kapsel
- Gegen den erhöhten Blutzucker zweimal eine Tablette Euglucon 5

Bearbeitungshinweise:
- Was ist bei der Durchführung von ärztlichen Verordnungen grundsätzlich zu beachten?
- Beschreiben Sie den korrekten Weg von der Verordnung bis hin zur Dokumentation.
- Nennen Sie Situationen, in denen Sie von einer ärztlichen Verordnung abweichen würden.
- Wie würden Sie sich bei/nach abweichendem Vorgehen grundsätzlich verhalten?

Lernfeld 1.5 Bei der medizinischen Diagnostik und Therapie mitwirken

Bearbeitungsschwerpunkte:
- Erstmaßnahmen nach Hirninfarkt
- Ärztliche Verordnungen durchführen

Walther Merhorn kommt in die Stroke Unit

Walther Merhorn, 65 Jahre alt, wird nach einem akuten Apoplex ins Krankenhaus eingeliefert. In Begleitung seiner Ehefrau wird er liegend auf einer Trage auf die Stroke Unit Ihres Krankenhauses gefahren. Die rechte Körperseite kann er nicht bewegen.

Als besonders schwierig erweist sich die Kommunikation mit ihm, da er eine zentral bedingte Sprachstörung hat. Die Informationen bekommen Sie von seiner Ehefrau.

Die Ehefrau charakterisiert ihren Mann als einen sehr lebhaften, offenen und liebenswürdigen Gatten, der bis zu seiner Erkrankung jeden Tag im Garten arbeitete.

Seit zwei Jahren ist bei Walter Merhorn ein insulinpflichtiger Diabetes mellitus bekannt.
Seine Haut wirkt pergamentartig, und er scheint stark dehydriert zu sein. Eine alte Kriegsverletzung am linken Arm führte durch narbige Verwachsungen zu einer Bewegungseinschränkung.
Der Dienst habende Arzt sagt zu Ihnen: »Veranlassen Sie alle üblichen Erstmaßnahmen, die standardmäßig bei Hirninfarkten durchgeführt werden.«

Bearbeitungshinweise:
- Nennen Sie alle typischen Erstmaßnahmen, die bei der hier beschriebenen Situation durchgeführt würden.
- Welche Maßnahmen dürfen Sie selbstständig durchführen und welche müssen delegiert werden?
- Welche Maßnahmen würden Sie nie ohne ärztliche Anordnung durchführen und warum?
- Beschreiben Sie die Erstmaßnahmen, die Sie durchführen, wenn Sie einen Menschen mit ähnlichen Symptomen außerhalb des Krankenhauses vorfinden und kein Arzt bereitsteht.

Lernfeld 1.5 Bei der medizinischen Diagnostik und Therapie mitwirken

Rechtliche Grundlagen

Bearbeitungsschwerpunkt:
- Körperverletzung

Altenpfleger Thomas ist unsicher

Thomas arbeitet als Altenpfleger im Pflegeheim und hat schon viele Jahre Berufserfahrung. Die Bewohner reagieren in aller Regel positiv auf ihn und mögen seine ruhige Art.
Heute soll Thomas einem Bewohner eine i. m. Injektion geben. Der Bewohner ist klar bei Verstand und wehrt sich. Er will das Medikament nicht haben.
Darf Thomas die Spritze geben?

Lernbereich 1: Aufgaben und Konzepte in der Altenpflege

Bearbeitungshinweise:
- Darf Thomas die Spritze geben, wenn eine ärztliche Anordnung vorliegt?
- Muss Thomas die Spritze geben, wenn bei Nichtverabreichen des Medikaments eine lebensbedrohliche Situation entstehen würde?
- Welche gesetzlichen Grundlagen sind zu diesem Fall anzuführen?
- Nehmen Sie Stellung: Wie würden Sie sich in der beschriebenen Situation verhalten?

Lernfeld 1.5 Bei der medizinischen Diagnostik und Therapie mitwirken

Bearbeitungsschwerpunkt:
- Fixierung

Altenpflegerin Hanna ist genervt

Emma Claus leidet an schwerer Demenz und ist täglich ab 17.00 Uhr extrem unruhig. Dann läuft sie über den Flur des Wohnbereichs in alle Zimmer, die nicht verschlossen sind.

Heute war ein extrem stressiger Tag im Wohnbereich. Die Altenpflegerin Hanna fühlt sich genervt. Tausend Dinge haben heute ihren geplanten Arbeitsablauf gestört.

Nun auch noch Emma Claus. »Ich halte das nicht mehr aus. Zu wenig Personal, das ist ja wie im Irrenhaus hier. Mir reicht es. Ich werde Frau Claus jetzt fixieren«, sagt Altenpflegerin Hanna und handelt auch so.

Bearbeitungshinweise:
- Darf Hanna so handeln? Begründen Sie Ihre Antwort.
- Welche Straftatbestände werden durch die Fixierung eines Bewohners erfüllt?
- Erklären Sie, worauf Sie in der praktischen Durchführung achten, wenn Sie mit Gurten fixieren.
- Welche Inhalte muss ein Fixierungsprotokoll enthalten?
- Nennen Sie Mittel und Methoden, mit denen Sie Bewohner fixieren können.
- Welche Fixierungen bedürfen der Genehmigung?
- Wie muss die Genehmigung erfolgen?
- Unter welchen Bedingungen ist eine Fixierung ohne Genehmigung erlaubt?

Lernfeld 1.5 Bei der medizinischen Diagnostik und Therapie mitwirken

Rahmenbedingungen

Bearbeitungsschwerpunkt:
- Ärztliche Aufklärungspflicht
- Einverständniserklärung
- Schweigepflicht

Hilde Kampf hat Erklärungsbedarf

Hilde Kampf kommt nach der Operation im Krankenhaus wieder ins Altenheim. Sie sagt zu Ihnen: »Können Sie mir nicht mal sagen, was ich wirklich habe? Keiner redet vernünftig mit mir. Ich glaube, ich habe Krebs.«

Marek Terway fühlt sich übergangen

Marek Terway soll im Krankenhaus eine PEG gelegt bekommen. Am Vorabend sagt er zu Ihnen: »Was ist das eigentlich? Mich hat keiner gefragt, ob ich das will.«

Lernbereich 1: Aufgaben und Konzepte in der Altenpflege

Altenpflegeschüler Martin ist redselig

Martin hat sich mit seinen Freunden in der Kneipe verabredet. Seit er in der Altenpflegeausbildung ist, interessieren seine Freunde sich sehr für seine Geschichten aus dem Altenheim.

Heute erzählt Martin lauthals von einer Neuaufnahme aus dem Krankenhaus. Er nennt den Namen des neuen Bewohners und beschreibt, wie der schreckliche Dekubitus am Steiß aussieht. Seine Freunde gruseln sich fasziniert.

> **Bearbeitungshinweise:**
> - Erklären Sie anhand dieser drei Fälle die ärztliche Aufklärungspflicht, die Einverständniserklärung und die Schweigepflicht.
> - Schildern Sie, wann und unter welchen Voraussetzungen von diesen Pflichten abgewichen werden darf.
> - Welche Konsequenzen können Pflichtverletzungen nach sich ziehen? Erklären Sie dies anhand der drei beschriebenen Fälle.

Lernfeld 1.5   Bei der medizinischen Diagnostik und Therapie mitwirken

Zusammenarbeit mit Ärztinnen und Ärzten

> **Bearbeitungsschwerpunkt:**
> - Bedeutung und Art der Zusammenarbeit mit Ärztinnen und Ärzten

Liselotte Schulte benötigt Pflege und Medizin

Liselotte Schulte, 68 Jahre alt, wurde heute aus der Inneren Abteilung des Krankenhauses entlassen. Der Arzt hat eine zweimal tägliche Betreuung durch die Sozialstation verordnet.

Liselotte Schulte war drei Wochen wegen einer schweren Blutzuckerentgleisung im Krankenhaus und muss momentan, laut ärztlicher Verordnung, morgens 20 IE. und abends 12 IE. Depot-Insulin spritzen. Alle drei Tage soll sie zu ihrem Hausarzt gehen, um Blutzuckerkontrollen durchführen zu lassen. Zu Hause testet sie regelmäßig den Urinzucker mittels Teststäbchen.

Bei einem ersten Besuch berichtet Liselotte Schulte: »Mein Mann ist schon zehn Jahre tot. Vor acht Wochen verstarb meine Mutter mit 93 Jahren. Ich habe sie hier fünf Jahre gepflegt. Wir haben es uns immer so schön gemacht, auch wenn die Oma nur im Bett lag. Ich habe ja keine Kinder. Vor allem haben wir uns immer was Schönes gekocht. Es gab bei uns jeden Nachmittag ein Stückchen selbst gebackenen Kuchen. Auf das gute Essen werde ich jetzt auch nicht verzichten. Was hat man denn sonst noch? – Als die Oma eine Woche unter der Erde war, habe ich richtige Depressionen bekommen. So etwas kannte ich noch gar nicht. Die Oma fehlt mir immer noch sehr. Ich musste ja jede Nacht zwei-, dreimal aufstehen wegen ihr. Aber die ganzen letzten Wochen vorher hatte ich unheimlichen Durst, und war furchtbar müde.
Und dann die Einweisung mit dem Notarzt ins Krankenhaus und der Schock, dass ich Zucker habe. Die haben ja gesagt, dass ich mich selber spritzen soll, aber das kann ich nicht, da habe ich mich geweigert. Der Arzt hat ja auch gesagt, dass ich vielleicht später nur noch Tabletten nehmen muss.«
Liselotte Schulte wiegt 89 kg bei einer Körpergröße von 1,69 m. Sie ist selbstständig und bedarf der Unterstützung bezüglich der Insulingaben und der für sie neuen Situation.
Der Hausarzt hat eine Diabetesdiät mit 12 BE verordnet.

Bearbeitungshinweise:
- Beschreiben Sie, wie Sie Kontakt zum behandelnden Hausarzt aufnehmen und wie Sie diesen Kontakt halten.
- Welche Tätigkeiten muss der Hausarzt an Sie delegieren und welche führen Sie selbstständig durch?
- Welche Kriterien müssen vom Arzt sichergestellt sein, damit die Pflege von Liselotte Schulte sicher durchgeführt werden kann?
- Wie verhalten Sie sich, wenn Sie den behandelnden Hausarzt bei einer Blutzuckerentgleisung von Liselotte Schulte nicht erreichen können?
- Wie verhalten Sie sich, wenn Sie feststellen, dass Liselotte Schulte die Diabetes-Diät nicht einhält?
- Wie stellen Sie sich eine gute Zusammenarbeit zwischen Ärzten, Patienten/Bewohner und Pflegepersonal vor? Wie können Sie daran mitwirken?

Lernbereich 1: Aufgaben und Konzepte in der Altenpflege

Lernfeld 1.5 Bei der medizinischen Diagnostik und Therapie mitwirken

Interdisziplinäre Zusammenarbeit, Mitwirkung im therapeutischen Team

Bearbeitungsschwerpunkte:
- Interdisziplinäre Versorgung nach Hüftoperation
- Ärztliche Verordnungen durchführen

Karl Boley fordert Teamarbeit

Karl Boley ist 78 Jahre alt. Nach einer Oberschenkelhalsfraktur wurde ihm operativ eine Total-Endoprothese eingesetzt. Nach dem Krankenhausaufenthalt schließt sich eine Rehabilitation an und Sie sind jetzt für Karl Boley zuständig. Die Anforderungen an Sie sind höchst unterschiedlich:
- Der Arzt bittet Sie, einen aseptischen Verbandwechsel durchzuführen.
- Die Krankengymnasten bitten Sie, am Wochenende die Mobilisationsübungen mit Karl Boley durchzuführen.
- Die Angehörigen bitten Sie, Karl Boley täglich an die frische Luft zu bringen.
- Karl Boley bittet Sie, möglichst viel im Bett liegen zu können.

Bearbeitungshinweise:
- Nennen Sie alle am therapeutischen Team Beteiligten.
- Beschreiben Sie die Aufgabenteilung und die Zusammenarbeit im therapeutischen Team. Wo vermuten Sie mögliche Konflikte?
- Beschreiben Sie die Rolle der Pflegenden im therapeutischen Team.
- Was verstehen Sie unter Schnittstellenmanagement?
- Schildern Sie, wie Sie sich im beschriebenen Fall verhalten würden.

Lernfeld 1.5 Bei der medizinischen Diagnostik und Therapie mitwirken

Mitwirkung an Rehabilitationskonzepten

Bearbeitungsschwerpunkt:
- Geriatrische Rehabilitation nach Hirninfarkt

Willi Haller wird rehabilitiert

Willi Haller, 75 Jahre alt, wird nach einer Behandlung wegen Hirninfarkt in eine Rehaklinik überwiesen. Bei der Aufnahme werden bestimmte geriatrische Assessments durchgeführt.
Nach dem Aufenthalt in der Rehabilitationsklinik soll Willi Haller wieder nach Hause können.

Bearbeitungshinweise:
- Nennen Sie die Ziele geriatrischer Rehabilitation.
- Was versteht man unter geriatrischen Assessments? Nennen Sie Beispiele.
- Welche Voraussetzungen zur geriatrischen Rehabilitation müssen gegeben sein?
- Nennen Sie Behandlungsformen geriatrischer Rehabilitation.
- Wie würde der Rehabilitationsplan für eine Woche für Willi Haller aussehen? Erstellen Sie diesen beispielhaft.
- Nehmen Sie kritisch Stellung zu dem Leitsatz »Rehabilitation vor Pflege«.
- Erklären Sie, was man unter realistischen Rehabilitationszielen versteht. Nennen Sie hierzu Beispiele.
- Erklären Sie, warum Sie bei der Erstellung der Pflegeplanung bedeutenden Einfluss auf die Motivation von Willi Haller nehmen können. Denken Sie hierbei vor allem an die Festlegung der Pflegeziele.

Lernbereich 2: Unterstützung alter Menschen bei der Lebensgestaltung

Lernfeld 2.1 Lebenswelten und soziale Netzwerke alter Menschen beim altenpflegerischen Handeln berücksichtigen

> Prüfungsrelevantes Lernfeld! Mögliche Prüfungsfragen/-aufgaben

Altern als Veränderungsprozess

> Bearbeitungsschwerpunkte:
> - Veränderung verstehen
> - Verwirrung

Franz Josef Schmidt sucht seine Frau

Franz Josef Schmidt war 30 Jahre lang praktischer Arzt. Er ist mittlerweile 79 Jahre alt und seit 13 Jahren im Ruhestand. In den letzten Jahren unternahm er sehr viele Reisen mit seiner Ehefrau, die vor einem Jahr plötzlich verstarb. Das Ehepaar Schmidt führte über 50 Jahre eine ausgesprochen glückliche Ehe und bis zum Tod seiner Ehefrau waren sie fast täglich zusammen. Der einzige Sohn, der aus dieser Ehe hervorging, ist mittlerweile 45 Jahre alt und lebt als Journalist im Ausland.

Seit dem Tod seiner Ehefrau hat sich Franz Josef Schmidt verändert: Er führt in der Öffentlichkeit häufig Selbstgespräche und zieht sich von seinen Bekannten zurück. Tagsüber scheint er in der letzten Zeit im Bett zu liegen, in den späten Abendstunden streift er durch den Ort. Wenn Bekannte ihn ansprechen, reagiert er oft ratlos, überempfindlich und manchmal aggressiv.

Vor zwei Wochen wurde er nachts gegen 23.00 Uhr als hilflose Person von der Polizei aufgefunden. Er konnte sich zu seiner Person nicht äußern und schien ständig etwas zu suchen. Er wiederholte immer wieder die Worte: »Die Fahrscheine! Meine Fahrscheine! Ich muss doch zu meiner Frau!«

Daraufhin verbrachte Franz-Josef Schmidt zwei Wochen im Krankenhaus. Medizinisch konnte keine Ursache für diese Verwirrtheitszustände gefunden werden. Er wird nach Hause entlassen, wobei vorher die Betreuung durch die ambulante Pflegestation sichergestellt wurde.

Bearbeitungshinweise:
- Schildern Sie die verschiedenen Facetten: Wie erleben Menschen ihr Älterwerden? Wovon ist das Erleben abhängig?
- Wie hat sich in unserer Gesellschaft die Vorstellung vom »alten Menschen« geändert?
- Womit befasst sich die Gerontologie und welcher Bezugswissenschaften bedient sie sich?
- Wie erklären Sie, dass sich viele ältere Menschen von ihren Mitmenschen zurückziehen und isolieren?
- Erklären Sie an Beispielen, wie Alter als Verlust bzw. als Chance erlebt wird.
- Beschreiben Sie, welche Bedeutung Trauer und Verlust im Alter haben.
- Was trägt dazu bei, dass Menschen möglichst lange »jung und fit« bleiben?
- Wie scheint Franz-Josef Schmidt sein Altern zu erleben?
- Welche Unterstützung braucht er?
- Kann diese Unterstützung realisiert werden?
- Nehmen Sie zum folgenden Satz Stellung: »Menschen können Mitmenschen zu mehr Lebensqualität verhelfen!«

Lernbereich 2: Unterstützung alter Menschen bei der Lebensgestaltung

Lernfeld 2.1 Lebenswelten und soziale Netzwerke alter Menschen beim altenpflegerischen Handeln berücksichtigen

Demografische Entwicklungen

Bearbeitungsschwerpunkt:
- Entwicklung unserer Gesellschaft

Statistik und Soziologie

»Die Statistiker und Soziologen stellen Modellrechnungen auf, nach denen bei gleich bleibenden Lebensbedingungen und Lebensgewohnheiten im Jahr 2040 etwa jeder dritte Bewohner in Deutschland über 60 Jahre alt sein wird«, sagt Sabrina zu ihrem Großvater.
Dieser entgegnet: »So eine Welt kann ich mir nicht vorstellen. Wir brauchen doch die Jugend. Nur mit der Jugend kann sich eine Gesellschaft weiterentwickeln.«

Bearbeitungshinweise:
- Definieren Sie »Demografie«.
- Welche Aspekte untersuchen Demografen?
- Stellen Sie die Altersverteilung in Deutschland für die Jahre 1910, 1990 und 2030 grafisch dar.
- Wieso greift der Generationenvertrag in unserer Gesellschaft nicht mehr?
- Welche Auswirkungen hat die »Kindermüdigkeit« auf die zu erbringenden Sozialleistungen?
- Schildern Sie Orte, an denen Sie besonders viele Senioren antreffen. Wie erklären Sie sich das?
- Welche Auswirkungen hat die demografische Entwicklung auf die Gesellschaft?
- Definieren Sie die Begriffe: Feminisierung, Singularisierung, Verjüngung und Langlebigkeit.
- Wie soll in Zukunft das Pflegeaufkommen in Deutschland bewältigt werden, wenn immer weniger Familien, Kinder, Ehepartner die Pflege übernehmen können und die Sozialleistungen nicht mehr gesichert sind?

Lernfeld 2.1 Lebenswelten und soziale Netzwerke alter Menschen beim altenpflegerischen Handeln berücksichtigen

Ethniespezifische und interkulturelle Entwicklungen

Bearbeitungsschwerpunkte:
- Kulturelle Aspekte türkischer Mitmenschen
- Ulcus cruris

Fatima Ylczin ist die ambulante Pflege fremd

Heute Nachmittag meldet sich der niedergelassene Hausarzt im Stützpunkt Ihrer Sozialstation. Er berichtet von einer Patientin, die seit vier Wochen wegen eines Ulcus cruris an beiden Unterschenkeln seine Praxis besucht.

Der Hausarzt hat bereits mit verschiedenen Methoden versucht, die Heilung zu beschleunigen, war bislang jedoch erfolglos. Erschwerend kommt hinzu, dass die Patientin die Versorgung ihrer Beine nicht entsprechend seiner Anordnung durchführt.

Vor vier Tagen begann der Hausarzt mit einer autolytischen Wundbehandlung mit Varihesiv-Platten. Der Hausarzt bittet die Sozialstation, die Patientin alle zwei Tage zu besuchen.

Die Patientin, Fatima Ylczin, ist 66 Jahre alt und lebt mit ihrer Familie in der betriebseigenen Mietwohnung. Sie ist bei einer Körpergröße von 1,64 m und einem Körpergewicht von 88 kg recht korpulent.

Ihre Unterschenkel hat sie zusätzlich mit eigenen Mullbinden umwickelt, und auf Nachfragen erzählt sie, dass sie sehr wenig Bewegung hat.

Die Ulzera sind an beiden Unterschenkeln handtellergroß. Die Ränder sind gerötet und es hat sich bereits Granulationsgewebe gebildet.

Beim ersten Besuch der Pflegerin der Sozialstation ist es Fatima Ylczin merklich unangenehm, von einer ihr unbekannten Person versorgt zu werden. Sie äußert ihr Unbehagen und sagt: »Nix fremde Leute in Haus. Türkisch Familie immer selber helfen.«

Lernbereich 2: Unterstützung alter Menschen bei der Lebensgestaltung

Bearbeitungshinweise:
- Was können Sie zur kulturspezifischen Sozialisation sagen?
- Erklären Sie, was man unter »kultureller Identität« versteht.
- Beschreiben Sie, wieso es gerade für Menschen, die aus ihrer Heimat ausgewandert sind, besonders wichtig ist, eine kulturelle Identität zu haben.
- Welche Bedeutung messen Sie in Zukunft der transkulturellen Pflege in der Altenarbeit bei?
- Wie können Sie sich Wissen über Ihnen unbekannte Kulturen aneignen?
- Stellen Sie sich vor: Sie werden von Personal gepflegt, dessen Sprache Sie nicht verstehen können. Welche Gefühle entwickeln Sie?
- Beschreiben Sie, wie Sie konkret mit Fatima Ylczin verfahren würden. Welche Möglichkeiten haben Sie?
- Was müssen Sie beachten, wenn Sie eine Wohnung betreten, in denen streng gläubige Moslems leben?
- Nennen Sie die Ziele der kultursensiblen Altenpflege.

Lernfeld 2.1 Lebenswelten und soziale Netzwerke alter Menschen beim altenpflegerischen Handeln berücksichtigen

Bearbeitungsschwerpunkt:
- Ethniespezifisches Wohnen und Leben

Türkische Gemeinde

Nach drei Jahren Diskussion soll nun in Ihrer Stadt ein Pflegeheim nur für türkische Bewohner gebaut werden. Die aktive türkische Gemeinde Ihrer Stadt hat sich an einen privaten Investor gewandt und bis Ende nächsten Jahres soll das Gebäude stehen. Die Heimkosten sollen möglichst niedrig gehalten werden, da viele Türken nur eine geringe Rente beziehen.
Das Personal soll vom Heimleiter bis zur Putzfrau ausschließlich zweisprachig sein und der private Investor will das Personal möglichst selbst ausbilden.

Bearbeitungshinweise:
- Nehmen Sie Stellung: Wie kommt es zu solchen Initiativen?
- Diskutieren Sie kritisch das Pro und Contra solcher Initiativen.
- Welche Schwierigkeiten hat Deutschland mit der Migrationspolitik und wie werden sich diese Schwierigkeiten in Zukunft auf die Altenarbeit auswirken?
- Folgt man Prognosen, so werden in Deutschland im Jahr 2030 genau so viele ausländische wie deutsche Menschen über 65 Jahre alt sein. Vor welche Aufgaben wird damit die Altenpflege gestellt?
- Wieso erzeugt das Zusammenleben von verschiedenen Kulturen Konflikte?
- Vergleichen Sie das im Fall beschriebene geplante Vorhaben mit einem Seniorenheim auf Mallorca, das nur um deutsche Bewohner und deutsches Personal wirbt.
- Welche zukünftigen kulturspezifischen Einrichtungen können Sie sich vorstellen?
- In Deutschland gibt bereits Pflegeeinrichtungen nur für Schwulen und Lesben. Was halten Sie von dem Separieren von Personengruppen? Warum legen die einzelnen Personengruppen zum Teil sehr großen Wert auf diese Separierung?

Lernbereich 2: Unterstützung alter Menschen bei der Lebensgestaltung

Lernfeld 2.1 Lebenswelten und soziale Netzwerke alter Menschen beim altenpflegerischen Handeln berücksichtigen

Glaubens- und Lebensfragen

Bearbeitungsschwerpunkte:
- Dimensionen von Alter, Gesundheit, Krankheit, Behinderung und Pflegebedürftigkeit
- Pflegebedürftigkeit wegen Gehirntumor

Tabea Manderscheidt ist gläubig

Tabea Manderscheidt, 59 Jahre alt, liegt seit vier Monaten in der Pflegestation eines katholischen Altenheims. Sie wurde zweimal in Spezialkliniken an einem bösartigen Hirntumor operiert. Ihr konnte operativ jedoch nicht so geholfen werden, dass sie ein Leben in ihrer gewohnten häuslichen Umgebung führen kann. Schwerpflegebedürftig wechselte sie aus dem Krankenhaus in das Pflegeheim.

Ihre beiden erwachsenen Töchter Lara und Nadine, 20 und 23 Jahre alt, leben in einer anderen Stadt und besuchen sie häufiger.

Nadine hat einen evangelischen Mann geheiratet und Lara ist mit einem Türken befreundet. Mit ihm spricht sie viel über den Islam. Am liebsten würde sie nach türkischer Tradition heiraten.

Täglich, um 16.30 Uhr, kommt Herr Manderscheidt zu Besuch. Er scheint unter dem Zustand seiner Ehefrau sehr zu leiden. Häufiger weinen beide, wenn sie ungestört im Zimmer sind. Das Ehepaar Manderscheid ist sehr gläubig. Sie bezeichnen sich als Christen und sind Mitglied der katholischen Kirche. Die Sakramente der katholischen Kirche sind ihnen wichtig und täglich beten beide gemeinsam.

Bei einem Gespräch auf dem Flur sagt Herr Manderscheidt zu Ihnen: »Wenn meine Frau nicht so gläubig wäre, hätte sie sich schon lange das Leben genommen. Aber das verbietet uns die Kirche, Gott sei Dank. Als ich meine Frau kennen gelernt habe, bin ich konvertiert, aus Liebe zu ihr.«

Bearbeitungshinweise:
- Beschreiben Sie, welche Bedeutung der Glauben für Menschen hat.
- Religionen waren und sind häufig Ursache für Streit und Kriege. Erklären Sie, wie das möglich ist und war.
- Welchen Aufgaben stellen sich Pflegende, wenn sie Menschen anderer Glaubensgemeinschaften pflegen?
- Erklären Sie, was das Akzeptieren anderer Religionsbräuche mit der eigenen Toleranz zu tun hat.
- Nennen Sie Gebräuche und Rituale der verschiedenen Religionsgemeinschaften, die bei der Übernahme der Pflege von Bedeutung sind.
- Nennen Sie die unterschiedlichen religiösen Rituale beim Sterben und nach Eintritt des Todes.
- Wie würden Sie sich verhalten, wenn Sie im berufspraktischen Alltag bemerken, dass eine Kollegin bewusst die religiösen Rituale eines Bewohners missachtet, ohne dass dieser es bemerkt?
- Nennen Sie Beispiele für das bewusste Missachten religiöser Bräuche.

Lernfeld 2.1 Lebenswelten und soziale Netzwerke alter Menschen beim altenpflegerischen Handeln berücksichtigen

Alltag und Wohnen im Alter

Bearbeitungsschwerpunkte:
- Tiere im Heim
- Leben mit Tieren

Rex, der Hund von Altenpfleger Mischa

Mischa arbeitet als Altenpfleger im Wohnbereich eines Seniorenheims und bringt täglich seinen Hund Rex mit zum Dienst. Zunächst rief dieser Umstand Unverständnis und Widerstand im Kollegium hervor. Im Laufe der Zeit aber erkannten die Mitarbeiter, dass die Heimbewohner durchweg positiv auf Rex reagieren und ihr Widerstand nahm ab.

Lernbereich 2: Unterstützung alter Menschen bei der Lebensgestaltung

Auch die Heimleiterin hatte schon häufiger überlegt, einen Heimhund anzuschaffen, jedoch hätten die »Rundumversorgung« und das täglich »Gassigehen« verschiedene organisatorische Probleme aufgeworfen. Dass Mischa nun den Hund mitbringt, ist ihr sehr recht, denn schon häufig hatte sie von der positiven Wirkung von Heimtieren auf Bewohner gelesen und gehört.

Rex ist täglich bei Bewohnern im Zimmer oder geht mit ihnen durch den Park. Ein Bewohner wird durch Rex so positiv beeinflusst, dass er begonnen hat, aufzustehen und mittlerweile sogar einige Schritte außerhalb des Heimes zurücklegen kann.

Besonders faszinierend ist für alle, wie Rex reagiert, wenn ein Bewohner verstirbt. Dann liegt Rex vollkommen ruhig vor oder auf dem Bett und weicht dem Sterbenden nicht von der Seite.

Bearbeitungshinweise
- Schildern Sie mögliche Auswirkungen von Tieren auf die Lebensqualität älterer Menschen.
- Nennen Sie mögliche Probleme und Konflikte, wenn Tiere mit im Heim leben und nennen Sie Lösungsmöglichkeiten.
- Wissenschaftler und das Kuratorium Deutsche Altershilfe haben sich mit dem Thema »Lebensqualität älterer Menschen durch das Leben mit Tieren« befasst. Schildern Sie die Erfahrungen und Ergebnisse.
- Nennen Sie Möglichkeiten, damit Tiere mit im Alten- und Pflegeheimen leben können. Nennen Sie die Voraussetzungen, die hierfür geklärt sein müssen.
- Schildern Sie, welche Erfahrungen Sie mit Tieren in der ambulanten Pflege gemacht haben.
- Erklären Sie, wieso gerade ältere Menschen eine Steigerung der Lebensqualität durch das Leben mit Tieren erfahren.

Lernfeld 2.1 Lebenswelten und soziale Netzwerke alter Menschen beim altenpflegerischen Handeln berücksichtigen

> **Bearbeitungsschwerpunkte:**
> - Wohngemeinschaft für Menschen mit Demenz
> - Ambulante Betreuung in Begleitgemeinschaft

Modellprojekt: Wohngemeinschaft im Alter für Menschen mit Demenz

In Ihrer Region ist eine Interessengemeinschaft dabei, dem Grundsatz »ambulant vor stationär« folgend, ein Projekt umzusetzen: Es soll eine Wohngemeinschaft für demente Menschen entstehen, die nicht mehr selbstständig leben können.

In einem »normalen« Wohnumfeld wird eine Wohnung oder ein Haus gesucht, in dem die Bewohner selbst Mieter sein können.

Ein oder mehrere Pflegedienste werden durch die Bewohner oder Betreuer beauftragt, die Pflege mit Unterstützung von Angehörigen und Laienpflegern zu übernehmen.

Die Grundlage bilden individuelle Pflegeverträge, die entsprechend den Bedürfnissen und Bedarfen Grundlage der Preisgestaltung mit den Kostenträgern sind.

Bei diesem Projekt wird es keinen Träger geben, sondern die Begleitungsgemeinschaft besteht aus Mitgliedern der Wohngemeinschaft, Angehörigen und Betreuern, Pflegediensten, Vermieter und Ehrenamtlichen.

Ein neutraler Moderator soll alle Beteiligten langfristig begleiten.

Lernbereich 2: Unterstützung alter Menschen bei der Lebensgestaltung

Bearbeitungshinweise
- Nennen Sie Möglichkeiten, um die finanziellen und rechtlichen Rahmenbedingungen für ein solches Projekt zu sichern.
- Welche Schwierigkeiten ergeben sich möglicherweise bei der Realisierung mit der Heimaufsicht, dem MDK, der Kranken- und Pflegekasse, Sozialhilfeträgern, dem ambulanten Dienst und mit Angehörigen?
- Erstellen Sie einen Projektplan.
- Welche baulichen Voraussetzungen müssen sichergestellt sein?
- Benennen Sie die spezifischen Aufgabenfelder:
  - der Angehörigen
  - des Pflegedienstes
  - des Vermieters
  - der Ehrenamtlichen
  - des neutralen Moderators

  Wie wollen Sie sicherstellen, dass alle an der Pflege beteiligten Personen demselben Pflegekonzept folgen?
- Wer soll dieses Pflegekonzept erstellen und wer ist dafür verantwortlich?
- Wie können Sie sicherstellen, dass die Interessen der pflegebedürftigen Menschen sichergestellt werden?
- In diesem Projekt würde das Heimgesetz nicht greifen. Begründen Sie warum und nennen Sie die Vorteile, die daraus resultieren.
- Nennen Sie Methoden und Maßnahmen, die sicherstellen, dass eine gemeinsame Verantwortung von professionell Pflegenden, Angehörigen und Laienpflegern realisiert werden kann.
- Nennen Sie die Chancen, die diese Wohngemeinschaft mit sich bringen kann.
- Nennen Sie die Risiken, die dieses Projekt mit sich bringen kann.
- Wie wollen Sie langfristig die Qualität in dieser Wohngemeinschaft überprüfen und sicherstellen?

Lernfeld 2.1 Lebenswelten und soziale Netzwerke alter Menschen beim altenpflegerischen Handeln berücksichtigen

Bearbeitungsschwerpunkte:
- Bauplanung
- Stationäre Wohnformen für alte Menschen

Modellprojekt: Ein neues stationäres Heim entsteht

Die Projektgruppe, die den Bau eines neuen Heimes plant, tagt! Ein beratender Gerontologe sagt: »In den 40er bis Anfang der 60er Jahre waren Wohnheime für Senioren Verwahranstalten. Die »Insassen« wurden verwahrt und dementsprechend waren die Baukonzepte durch lange, monotone Flure und Zimmer geprägt.

In den 60er bis 70er Jahren herrschte das Leitbild »Krankenhaus« vor. Bewohner wurden wie Patienten behandelt und untergebracht.

Dann, in den 80er Jahren, entstanden dezentrale Baukonzepte für Wohnheime. Der Bewohner sollte aktiviert werden und es entstanden zum Teil Wohnbereiche, die sternförmig angelegt waren. Der Bewohner sollte laufen, weite Wege wurden ihm baulich vorgegeben, zum Teil auch zirkulär angelegt. Laufstraßen wie in einem Hamsterkäfig. Dies sollte vor allem dementen Menschen die Möglichkeit zur Bewegung geben.«

Bearbeitungshinweise:
- Zeichnen Sie zu der Beschreibung des Gerontologen entsprechende Bauformen ehemalig konzipierter Heime auf.
- Erklären Sie entsprechende Vor- und Nachteile der einzelnen Wohnformen.
- Welche Bauform würden Sie für das neue Heim vorschlagen? Begründen Sie Ihren Vorschlag.
- Welche baulichen Bedingungen sichern bei Bewohnern Gefühle wie Geborgenheit und Normalität?
- Nennen Sie zur stationären Versorgung alternative Formen des Wohnens im Alter.
- Nennen Sie Vor- und Nachteile der einzelnen Formen.

Lernbereich 2: Unterstützung alter Menschen bei der Lebensgestaltung

Lernfeld 2.1 Lebenswelten und soziale Netzwerke alter Menschen beim altenpflegerischen Handeln berücksichtigen

Familienbeziehungen und soziale Netzwerke alter Menschen

Bearbeitungsschwerpunkt:
- Bedeutung und Dimension von Familienbeziehungen

Sven und Nadine nehmen Stellung zur Dimension von Familie

Sven:
»Ich habe in dem Buch »Minimum« von Frank Schirrmacher gelesen, dass bei Katastrophen nur die Menschen überlebt haben, die in intakten Familien gelebt haben. Menschen, die ohne Familienanschluss betroffen waren oder nur Freunde im Umfeld hatten, waren ohne Überlebenschance.«

Nadine:
»Das war doch sicher Zufall. Außerdem gibt es doch immer weniger funktionierende Familien bei uns. Was hätte diese Theorie, wenn sie stimmt, für fatale Folgen!«

Sven:
»Ja, stimmt. Aber die Zukunft liegt in der Familie, das glaube ich sicher.«

Bearbeitungshinweise:
- Diskutieren Sie die Theorie des Buches von Frank Schirrmacher.
- Welche Bedeutung hat die Lebensform »Familie« für unsere Gesellschaft?
- Welche Bedeutung hat Familie weltweit?
- Nennen Sie Gründe für die Bevölkerungsexplosion in sog. »armen Ländern.
- Nennen Sie Gründe und mögliche gesellschaftliche Folgen, die durch den Verlust von Familienbeziehungen entstehen könnten.
- Nennen Sie Änderungen, die durch diesen Wandel in unserer Gesellschaft bereits eingetreten sind.

Lernfeld 2.1 Lebenswelten und soziale Netzwerke alter Menschen beim altenpflegerischen Handeln berücksichtigen

Bearbeitungsschwerpunkte:
- Verlust von Familienbeziehungen
- Geburtstagsfeier in der Tagesklinik

Richard Kemper möchte seinen Geburtstag feiern

Richard Kemper, 74 Jahre alt, allein stehend und für sein Alter noch sehr rüstig, geht täglich (montags bis freitags) zur Betreuung in die Tagesklinik.
Ein Jahr nach dem Tod seiner Frau, Richard Kemper war damals 71 Jahre alt, hatten seine Kinder Marion und Klaus in der psychiatrischen Ambulanz des Kreiskrankenhauses um Rat gefragt, weil sich ihr Vater im Verhalten auffällig verändert hat.
Damals wollte er seine eigene Wohnung, die er auch heute noch allein bewohnt, nicht mehr verlassen. Er lebte sehr zurückgezogen, und es bestand die Gefahr der Vereinsamung und Verwahrlosung. Richard Kemper lehnte das Essen ab, sah keinen Sinn mehr darin, sich zu waschen oder seine Kleidung zu wechseln. Häufiger war seiner Tochter aufgefallen, dass er Selbstgespräche führte.
Schließlich fühlte sich Richard Kemper grundlos angegriffen. Er reagierte feindselig und aggressiv auf die Besuche seiner Kinder und Bekannten. Daraufhin wurde er von seinem Hausarzt auf Veranlassung seiner Kinder medikamentös behandelt. Außerdem plante der Hausarzt in Zusammenarbeit mit der psychiatrischen Ambulanz des Kreiskrankenhauses den Besuch der hiesigen Tagesklinik.
Erstaunlicherweise besucht Herr Kemper diese Einrichtung seit nun mehr gut eineinhalb Jahren gern und nahezu regelmäßig. Er betont häufiger seine Motivation, in die Tagesklinik zu gehen: »Hier bekomme ich morgens, mittags und abends mein Essen, meine Medikamente, und ohne die Abwechslung wäre es ja für mich ganz furchtbar. Ich habe hier so nette Menschen kennen gelernt, die sich auch manchmal so schlecht fühlen wie ich.«
Mit einer kontrollierten Dauermedikation und dieser Unterstützung kann Richard Kemper bis heute seine eigene Wohnung halten und sein Leben eigenverantwortlich gestalten. An den Wochenenden kommt die Schwiegertochter

Lernbereich 2: Unterstützung alter Menschen bei der Lebensgestaltung

und hilft ihm beim Putzen und bei der Wäsche. Zum Essen bekommt Richard Kemper Fertigmenüs, die er in der Mikrowelle erhitzt. Aber häufiger ernährt er sich an seinen klinikfreien Wochenenden von seiner Lieblingsspeise Marzipan. Richard Kemper war von Beruf Postbeamter. Mehr als 20 Jahre hat er im Ort während der Gottesdienste die Kirchenorgel gespielt, bis vor sechs Jahren eine junge Organistin das Amt übernahm. Noch heute spricht er voller Stolz von dieser Tätigkeit und seinem Hobby, der Musik, wenn man ihn danach fragt.

Vor zwei Monaten erzählte Richard Kemper bei einem Gruppengespräch: »Jetzt werde ich bald 75 Jahre alt, und ich würde mich freuen, wenn ich dieses Fest feiern könnte.«

Bearbeitungshinweise:
- Welche Bedeutung hat die Lebensform »Familie« für alte Menschen?
- Welche gesellschaftliche Rolle spielt die Familie?
- Welche Bedeutung hat die Familie in unserer Kultur, wie hat sich »Familie« verändert und warum wird zurzeit von der Krise der Familie gesprochen?
- Nennen Sie Gründe für die niedrige Geburtenrate in Deutschland.
- Nennen Sie Gründe und mögliche Folgen der steigenden Lebenserwartung.
- Erklären Sie am beschriebenen Fall, wieso Richard Kemper nach dem Tod seiner Frau von Verwahrlosung und Isolation bedroht war.
- Beschreiben Sie, welche Bedeutung die Tagesklinik für Richard Kemper hat.
- Wie könnten/sollten die sozialen Netzwerke für alte Menschen in Deutschland ausgebaut werden? Welche Defizite erkennen Sie und welche Ideen haben Sie?
- Wie würden Sie konkret die anstehende Geburtstagsfeier von Richard Kemper planen?

Lernfeld 2.1 Lebenswelten und soziale Netzwerke alter Menschen beim altenpflegerischen Handeln berücksichtigen

Sexualität im Alter

Bearbeitungsschwerpunkt:
- Umgang mit der Sexualität von Heimbewohnern

Frieda Kussko und Herman-Josef Gruber mögen sich

Frieda Kussko ist 74 Jahre alt und wegen einer starken Gehbehinderung seit zwei Jahren Bewohnerin des Altenwohnzentrums. Sie ist seit zehn Jahren Witwe, ihre einzige Tochter lebt im Ausland. Frieda Kussko bewohnt mit einer anderen netten Dame ein Zweibettzimmer der Wohnstation.

Herman-Josef Gruber, 69 Jahre alt, bewohnt in der gleichen Station ebenfalls mit einem Mitbewohner ein Doppelzimmer. Ihm fiel das Alleinleben nach dem Tod seiner Ehefrau sehr schwer. Vor zehn Jahren wurde ihm wegen eines bösartigen Tumors ein Auge entfernt. Herman-Josef Gruber entschloss sich vor einem Jahr zum Umzug ins Altenwohnzentrum, weil er auf dem anderen Auge stark sehbehindert ist.

Frieda Kussko und Herman-Josef Gruber haben sich angefreundet und unternehmen viel gemeinsam. Eigentlich würden beide lieber mobiler sein, wobei Frieda Kussko durch ihre Gehbehinderung beeinträchtigt ist und Herman-Josef Gruber vor zehn Jahren seinen Führerschein aufgrund seiner Erkrankung abgeben musste.

An diesem Wochenende ist die Mitbewohnerin von Herman-Josef Kussko für zwei Tage zu ihren Kindern gefahren. Abends gegen 22.00 Uhr betritt die Nachtschwester das gemeinsame Zimmer der Damen.

Frieda Kussko und Herman-Josef Gruber sind halb bekleidet und liegen schmusend auf dem Bett. Durch die Störung der Nachtschwester sind beide sehr erschrocken und versuchen sich beschämt eine Decke überzuziehen. Herman-Josef Gruber stammelt unsicher: »Entschuldigen Sie bitte, aber wir wussten nicht, wohin wir uns zurückziehen sollten.«

Lernbereich 2: Unterstützung alter Menschen bei der Lebensgestaltung

Bearbeitungshinweise:
- Erklären Sie, wieso die im Fall beschriebenen Personen keinen »Raum« im Altenheim haben, um Partnerschaft leben zu können und somit »schutzlos« sind.
- Wie erklären Sie sich, dass immer noch viele Menschen glauben, dass Sexualität im Alter keine Rolle mehr spielt oder sogar unanständig ist?
- Nehmen Sie Stellung: Warum ist das Thema Partnerschaft und Sexualität im Alter wichtig?
- Wie erklären Sie, dass viele Menschen die Sexualität im Alter angenehmer, erfüllender und unkomplizierter erleben als in ihrer Jugend?
- Welche Bedeutung hat die Sexualität für den Menschen?
- Beschreiben Sie konkrete Vorschläge, wie Sie im Altenheim Raum für gelebte Sexualität ermöglichen können.

Lernfeld 2.1 Lebenswelten und soziale Netzwerke alter Menschen beim altenpflegerischen Handeln berücksichtigen

Menschen mit Behinderung im Alter

Bearbeitungsschwerpunkte:
- Definitionen und Leistungen bei Behinderung
- Unterstützung bei Blindheit im Alter

Henriette Dorchel empfindet sich als Last für andere

Heute kommt Henriette Dorchel zur Aufnahme ins Altenheim. Sie ist 72 Jahre alt und seit 13 Jahren Witwe. Bislang hat sie allein in einer Dreizimmerwohnung in einem Mehrfamilienhaus gewohnt. Sie hat keine Kinder und scheint bisher überhaupt sehr isoliert gelebt zu haben.
Die Krankenschwester der Sozialstation, die Henriette Dorchel seit zwei Jahren dreimal in der Woche betreute, berichtete im Vorfeld der Aufnahme: »Frau Dorchel hat sich in den letzten fünf Jahren vollkommen in ihre vier Wände zurückgezogen. Schuld daran scheint ihre sehr starke Sehschwäche zu sein, die im Laufe der Jahre immer schlimmer wurde. Ursache dieser Behinderung ist

eine Gefäßveränderung beider Netzhäute im Sinne einer Retinopathie, obwohl Frau Dorchel nie Diabetikerin war. Allerdings war sie schon immer sehr stark weitsichtig.

Vor ca. zwei Monaten wurde es so schlimm, dass sie nur noch schwach hell und dunkel unterscheiden konnte. Der Aufenthalt in der Augenabteilung des Krankenhauses ergab, dass keine Therapie mehr möglich ist. Das Alleinleben in der Mietwohnung war für Frau Dorchel somit nicht mehr tragbar.«

Henriette Dorchel kommt widerwillig und recht verängstigt zur Aufnahme. In ihrer Begleitung ist eine ältere Dame, ihre ehemalige Nachbarin, die bislang für sie eingekauft und nötige Handgriffe übernommen hat. Geplant ist der Einzug in die Wohnstation, in ein Zweipersonenzimmer. Der Heimaufenthalt wird durch das Sozialamt unterstützt.

Henriette Dorchel ist bis auf die Sehbehinderungen in einem guten Allgemeinzustand, und sie konnte bislang ihre nötigen Aktivitäten selbstständig durchführen, vorausgesetzt, sie kann sich räumlich orientieren. Bei der Aufnahme sagt Henriette Dorchel: »Ich wollte nie eine Last für andere werden und jetzt das. Damit werde ich nicht mit fertig.«

Bearbeitungshinweise:
- Definieren Sie den Begriff »Behinderung« lt. WHO und beschreiben Sie die vier Dimensionen.
- Definieren Sie den Begriff »Behinderung« nach dem SGB IX.
- Ab wann spricht man von einer Schwerbehinderung?
- Was wissen Sie über die Rechtsstellung Behinderter, wie sie das SGB IX vorsieht?
- Ist Henriette Dorchel als behindert einzustufen oder ist die Beeinträchtigung eine übliche Folge ihres hohen Alters?
- Wann haben Behinderte Anspruch auf Leistungen nach dem SGB IX?
- Welche gesetzliche Grundlage ist für Henriette Dorchel anzuwenden? SGB IX, SGB XII oder das SGB XI? Begründen Sie Ihre Meinung.

Lernbereich 2: Unterstützung alter Menschen bei der Lebensgestaltung

Lernfeld 2.2 Alte Menschen bei der Wohnraum- und Wohnumfeldgestaltung unterstützen

Ernährung, Haushalt

Bearbeitungsschwerpunkte:
- Ursachen schwerer Obstipation
- Beratung zur ausgewogenen Ernährung
- Beratung zur Ernährung und zur selbstständigen Haushaltsführung

Frau Isolde Mühlenkord ist fehlernährt

Isolde Mühlenkord, 71 Jahre alt, wird heute aufgrund einer chronischen Obstipation von ihrem Hausarzt ins Krankenhaus eingewiesen. Ihr Ehemann ist verstorben und Isolde Mühlenkord lebt allein. Von ihren Kindern bekommt sie kaum Besuch.

Isolde Mühlenkord hat im Laufe ihres Lebens fast alle Zähne verloren. Sie sagt: »Es gibt ja die Möglichkeit, beim Zahnarzt eine Zahnprothese zu bekommen, aber das Geld und der Weg dahin ist mir sehr beschwerlich. Außerdem bin ich immer noch satt geworden.«

Auf die Frage, was sie denn esse, antwortet sie: »Alles, was ich essen kann. Morgens esse ich Weißbrot und einen Vanillepudding oder Zwieback, den ich im Kaffee einweiche. Mittags meistens eine Kraftbrühe oder Kartoffelbrei mit Rühreiern, und abends freue ich mich auf meinen Schokoladenpudding mit Milchsuppe. Ich esse auch gern ein Stückchen Zartbitterschokolade oder eine Banane.«

Weiter sagt sie, allerdings etwas energischer: »Was gehen Sie überhaupt meine Essensgewohnheiten an? Ich bin hier, weil ich Bauchschmerzen habe. Ich bin schon vier Tage nicht zur Toilette gewesen, obwohl ich regelmäßig jeden Abend zwei Esslöffel Liquedepur genommen habe.«

Bei der weiteren Diagnostik, die noch am Aufnahmetag durchgeführt wurde, können ein Ileus und andere Darmerkrankungen ausgeschlossen werden. Isolde Mühlenkord hat eine schwere Obstipation.

Bearbeitungshinweise:
- Sammeln Sie im Partnergespräch Gedanken und Gefühle, die Isolde Mühlenkord wahrscheinlich bewegen.
- Überlegen Sie, wie bedeutsam für Sie selber eine eigene Haushaltsführung ist.
- Erarbeiten Sie ein Beratungsgespräch zur gesunden und ausgewogenen Ernährung und führen Sie dies im Rollenspiel durch.
- Nennen Sie mögliche Gefahren und Probleme, die eine einseitige und obstipationsfördernde Ernährung hervorrufen kann.
- Beraten Sie Isolde Mühlenkord über den Zusammenhang zwischen einem gesunden Gebiss und richtiger Ernährung.
- Erarbeiten Sie, welche Kriterien sichergestellt sein müssen, um einen eigenen Haushalt führen zu können.
- Sammeln Sie in Gruppenarbeit unterstützende Möglichkeiten, die eine eigene Haushaltsführung möglichst lange sicherstellen.
- Erfragen Sie in Ihrer Stadt/Region, welche konkreten unterstützenden Möglichkeiten es für Senioren gibt und wie diese zu finanzieren sind.

Lernfeld 2.2 Alte Menschen bei der Wohnraum- und Wohnumfeldgestaltung unterstützen

Bearbeitungsschwerpunkte:
- Selbstständige Haushaltsführung
- Unterernährung im Alter

Ferdinand Keller ist mangelernährt

Ferdinand Keller ist seit zehn Jahren Witwer und lebt allein in einem kleinen Haus, das vollkommen ländlich gelegen ist. Er ist 78 Jahre und hat einen Sohn, der in Australien lebt und dort eine gute Stellung in einer Firma hat. Er kann somit nur selten zu Besuch kommen. Das letzte Mal hat er seinen Vater vor zwei Jahren besucht. Damals ging es Ferdinand Keller noch gut, und er versorgte sich vollkommen selbstständig.

Lernbereich 2: Unterstützung alter Menschen bei der Lebensgestaltung

Vor drei Tagen war es wieder so weit: Der Sohn kam zu Besuch. Heute sitzt er verzweifelt bei Ihnen, in einem Senioren-Pflege-Beratungsbüro und bemüht sich um einen Heimplatz für seinen Vater. Er berichtet: »Wissen Sie, ich bin schon stutzig geworden, als mein Vater die letzten zwei Briefe nicht mehr beantwortet hat. Telefon hat er ja keins, er wollte nie eins haben. Aber meine Briefe hat er eigentlich immer sofort beantwortet. Und als ich dann kam, bot sich mir ein Bild des Schreckens: Mein Vater ist total abgemagert. Er hat bestimmt 20 kg Gewicht verloren, und er war immer schon schmal. Er hatte auch überhaupt nichts zu essen im Haus. Und auf meine Fragen sagte er, dass er ans Essen nicht denkt. Er war auch völlig durcheinander.

Er hat mich auch erst gar nicht erkannt. Er war nicht richtig angezogen, und in der Wohnung sah es fürchterlich aus.

Ich habe dann direkt einen Arzt kommen lassen, und der sagte mir, dass mein Vater vermutlich noch ganz gesund sei und dass die Symptome alle von der Unterernährung und dem Flüssigkeitsmangel kommen. Es geht ihm jetzt auch schon etwas besser, nachdem er ein paar Mal gegessen und getrunken hat. Aber er tut es nur nach Aufforderung.

Ein paar Mal hat er auch erbrochen. Er verträgt wohl noch nicht alles. Ich habe mit ihm geredet, aber er ist mit einem Heimaufenthalt nicht einverstanden. Wissen Sie, ich glaube, den Tod meiner Mutter hat er nie so richtig verkraftet. Deshalb hat er sich auch so zurückgezogen.«

Bearbeitungshinweise:
- Wie würden Sie den Sohn von Ferdinand Keller beraten?
- Nennen Sie Kriterien, die sichergestellt sein müssen, wenn Ferdinand Keller weiter allein in seinem Haus leben will.
- Beschreiben Sie, welche Ressourcen vorliegen müssen, damit eine selbstständige Haushaltsführung möglich ist.
- Wie kann sichergestellt werden, dass Ferdinand Keller sich ausreichend ernährt?
- Nehmen Sie Stellung zu der Aussage: »Ein alter Mensch vergisst zu essen«.
- Beschreiben Sie eine vollwertige und ausgewogene Ernährung im Alter.
- Erklären Sie, warum es bei Flüssigkeitsmangel zu Verwirrtheitszuständen kommen kann.

- Welche Netzwerke könnte Ferdinand Keller nutzen, um weiterhin selbstständig zu leben?
- Welche alternativen Wohnformen würden Sie dem Sohn für seinen Vater empfehlen?
- Sammeln Sie Ideen, mit denen einer drohenden Isolation von allein lebenden alten Menschen vorgebeugt werden kann.

Lernfeld 2.2 Alte Menschen bei der Wohnraum- und Wohnumfeldgestaltung unterstützen

Bearbeitungsschwerpunkte:
- Ernährungsfehler, Karies, Obstipation, Adipositas
- Arterielle Verschlusskrankheit, Unterschenkelamputation
- Selbstständige Haushaltsführung
- Vereinsamung im Alter

Thea Berg leidet an Ernährungsfehlern

Thea Berg, 76 Jahre alt, lebt allein in einer Zweizimmerwohnung. Sie lebt sehr isoliert, bekommt bis auf eine Nachbarin, die für sie einkauft, keinen Besuch und hat keine näheren Verwandten.

Seit mehreren Jahren leidet Thea Berg an Durchblutungsstörungen in den unteren Extremitäten. Vor zwei Jahren wurde ihr wegen eines inoperablen arteriellen Verschlusses der rechte Unterschenkel amputiert. Seitdem ist sie sehr wenig mobil, sie bewegt sich mit Hilfe ihrer Unterarmgehstützen und eines fahrbaren Toilettenstuhls nur geringfügig in ihrer Wohnung. Den Unterschenkelstumpf wickelt sich Thea Berg täglich mit einer hochelastischen Kompressionsbinde.

Seit zwei Wochen erfährt Thea Berg leichte Unterstützung und Pflege durch eine Altenpflegerin der Sozialstation – auf Anordnung ihres Hausarztes.

Thea Berg hat im Laufe ihres Lebens fast alle Zähne verloren. Die verbliebenen Zähne sind stark kariös. Sie ernährt sich hauptsächlich von Weißbrot, Zwieback und Vanillepudding. Frau Berg wiegt 99 kg bei einer Körpergröße von 1,68 m. Auf Nachfragen der Altenpflegerin antwortet sie schroff: »Meine

Lernbereich 2: Unterstützung alter Menschen bei der Lebensgestaltung

Ernährung geht Sie nichts an. Meine Nachbarin kauft mir das ein, was ich ihr sage.«

Thea Berg hat seit fünf Tagen keinen Stuhlgang gehabt, obwohl sie nach eigenen Angaben regelmäßig jeden Abend zwei Esslöffel flüssiges Abführmittel genommen hat. Sie klagt über Bauchschmerzen. Der Hausarzt konnte einen Ileus ausschließen und verordnet einen Reinigungseinlauf.

Sie arbeiten in dem ambulanten Pflegedienst und sollen bei Thea Berg den Reinigungseinlauf durchführen.

Bearbeitungshinweise:
- Erklären Sie den Zusammenhang von Ernährung, Bewegung und Obstipation und dessen Bedeutung für alte Menschen.
- Schildern Sie mögliche Auswirkungen von Adipositas auf die Pflegebedürftigkeit alter Menschen.
- Führen Sie auf, welche Aspekte zu einer umfassenden gesundheitsfördernden Beratung für Thea Berg gehören.
- Für eine ausgewogene Ernährung benötigt Thea Berg ein intaktes Gebiss. Wie würden Sie sie beraten?
- Erstellen Sie einen Plan, wie die gesunde Ernährung von Thea Berg sichergestellt werden könnte.
- Nehmen Sie Stellung zum Wickeln des Stumpfes mit einer hochelastischen Kompressionsbinde. Wie würden Sie Thea Berg beraten?
- Erklären Sie das richtige Vorgehen bei einem Reinigungseinlauf.
- Schildern Sie mögliche Gefahren, die bei der Durchführung eines Reinigungseinlaufs geschehen können.
- Schreiben Sie ein Referat: »Inwieweit kann die selbstständige Haushaltsführung qualitätssteigernd, aber auch Ursache für Vereinsamung im Alter sein?«

Lernfeld 2.2 Alte Menschen bei der Wohnraum- und Wohnumfeldgestaltung unterstützen

Schaffung eines förderlichen und sicheren Wohnraums und Wohnumfelds

Bearbeitungsschwerpunkt:
- Leben in der Wohngemeinschaft

Herta Johanns gibt eine Annonce auf

Herta Johanns gibt heute – im Auftrag der Personen, die in Wohngemeinschaft miteinander leben – bei der örtlichen Presse folgenden Text auf:

Wohngemeinschaft sucht AltenpflegerIn

Wir sind acht Personen mit eigenem Wohnhaus und suchen eine/n Altenpfleger/in zur Unterstützung unserer Autonomie. Bitte melden Sie sich bei Herta Johanns.

Ein Kontakt mit einer Altenpflegerin kommt zustande, die sich schon seit längerem für alternative Altenhilfe und Wohnmodelle für Senioren interessiert. Bei einem Treffen mit Herta Johanns im Haus der Wohngemeinschaft wird folgender Zusammenhang deutlich: Herta Johanns, 66 Jahre alt, ist eine ausgesprochen engagierte Person und Hauptinitiatorin dieser Wohngemeinschaft. Sie erzählt, dass die Wohngemeinschaft seit zwei Monaten existiert und berichtet weiter: »Ein Immobilienmakler hat mir sehr unkompliziert geholfen. Er war uns bei der Bereitstellung dieses schönen Hauses und bei den Verhandlungen über die Finanzierung sehr behilflich. Wir sind zurzeit noch acht Personen, wollen uns aber noch vergrößern und tragen alle zu gleichen Teilen die anfallenden Kosten.
Einer unserer Mitbewohner hatte letzte Woche einen Schlaganfall. Er liegt noch im Krankenhaus, aber wir wollen ihn so schnell wie möglich wieder zu uns holen.

Lernbereich 2: Unterstützung alter Menschen bei der Lebensgestaltung

Nun suchen wir ein oder zwei engagierte Altenpflegerinnen, die uns unterstützen und offen sind, neue Wege in der Altenhilfe gehen zu wollen. Wir planen auch eine feste Anstellung dieser Pflegepersonen.«

Bearbeitungshinweise
- Diskutieren Sie in der Gruppe, ob Ihnen diese Idee zusagt.
- Erarbeiten Sie, welche Wohnformen im Alter in Deutschland überhaupt zur Verfügung stehen.
- Klären Sie, welche Möglichkeiten des Wohnens im Alter in Ihrer Region zur Verfügung stehen.
- Klären Sie mit der Heimaufsicht, der Kranken-Pflegegeldkasse, dem Sozialamt, mit Heimleitern und Juristen, ob die im Fall beschriebene Idee realisierbar ist.
- Warum träumen viele Menschen davon, so leben zu können, wie im Fall beschrieben? Sammeln Sie Aspekte in Kleingruppen.
- Unter welchen Umständen wäre eine Anstellung als Altenpflegerin im beschriebenen Fall möglich?

Lernfeld 2.2 Alte Menschen bei der Wohnraum- und Wohnumfeldgestaltung unterstützen

Wohnformen im Alter

Bearbeitungsschwerpunkte:
- Die Situation der Heimaufnahme
- Leben im Pflegeheim

Dorothea Müllewitz zieht ins Pflegeheim

Dorothea Müllewitz, 77 Jahre alt, lebt mit ihrem Ehemann seit 20 Jahren im fünften Stock einer Mietwohnung. Sie war von Beruf Lehrerin. Seit ihrem 25. Lebensjahr ist bei ihr eine Hypertonie bekannt, die medikamentös eingestellt wurde.

Dorothea Müllewitz ist recht korpulent, und der Hausarzt riet ihr immer abzunehmen. Es gelang ihr nie. Vor ungefähr fünf Jahren diagnostizierte der

Hausarzt eine Hirnarteriosklerose, die mit durchblutungsfördernden Medikamenten behandelt wurde. Eine Herzinsuffizienz konnte sehr gut mit Digitalis und Diuretika eingestellt werden.

Ihr Ehemann hat vor ungefähr einem halben Jahr eine Oberschenkelhalsfraktur erlitten und daraufhin eine Endoprothese bekommen. Seit dieser Zeit ist er leicht gehbehindert und kann die Wohnung nicht mehr verlassen, da es keinen Aufzug gibt.

Vor einem Monat entschlossen sich die beiden, in eine Erdgeschosswohnung umzuziehen. Die Kinder halfen beim Umzug, und die neue Wohnung war hinterher sehr schön eingerichtet. Die Kinder kommen auch häufiger zu Besuch. Sie hatten beim letzten Besuch allerdings den Eindruck, dass ihre Mutter sich in der neuen Wohnung nicht gut zurechtfindet. Es fiel ihnen auf, dass ihre Mutter häufiger sagte: »Mit mir wird es auch immer weniger, aber Gott sei Dank bin ich im Kopf noch klar.«

Herr Müllewitz suchte bei seiner Tochter Trost. Er erzählte ihr, wie es ist, wenn er mit seiner Frau allein ist. Gerade in der letzten Zeit ist es häufiger zu Streit gekommen. Die Gründe dafür waren immer irgendwelche verlegten Sachen: Schlüssel, Portemonnaie oder Zeitungen. Häufiger missglückte auch das Essen. Es war verbrannt oder versalzen, obwohl Dorothea Müllewitz immer gut kochen und backen konnte.

Wegen Kopfdruck, Schwindel, Flimmern vor den Augen, Ohrensausen, allgemeiner Schwäche, Störungen der Merkfähigkeit, Unruhe und Angst begab sich Dorothea Müllewitz in hausärztliche Behandlung. Dieser veranlasste die Einweisung in die gerontopsychiatrische Station. Bei der Einweisung sagte Dorothea Müllewitz: »Was soll ich hier? Mit mir ist doch alles in Ordnung. Ihr wollt mich ja nur abschieben. Gott sei Dank bin ich im Kopf noch ganz klar.« Sie wirkt insgesamt verlangsamt, die Bewegungen sind kleinschrittig, steif und unbeholfen. Ihre Stimme ist monoton.

Während des vierwöchigen Krankenhausaufenthaltes ändert sich ihr Zustand kaum. Die Familie ist damit einverstanden, dass Dorothea Müllewitz in die Pflegestation des Altenheims aufgenommen wird. Der Aufnahmebefund zeigt, dass sich der Zustand nicht verändert hat. Sie leidet weiterhin unter Störungen der Merkfähigkeit, Schwindel, Ohrensausen, Unruhe und Angstzuständen. Ihre Bewegungen sind kleinschrittig, wirken steif und unbeholfen. Ihre Stimme ist monoton, und sie wirkt insgesamt verlangsamt.

Lernbereich 2: Unterstützung alter Menschen bei der Lebensgestaltung

> **Bearbeitungshinweise:**
> - Schildern Sie, wie Sie die Situation des Lebens/Wohnens im Pflegeheim einschätzen.
> - Welche Verluste erleben Menschen beim Einzug in ein Heim?
> - Erstellen Sie für Dorothea Müllewitz ein Konzept zur Heimaufnahme.
> - Nennen Sie Maßnahmen, die vermeiden sollen, dass Dorothea Müllewitz durch die Situation der Heimaufnahme noch verstörter wird.
> - Nennen Sie alle organisatorischen und verwaltungsmäßigen Notwendigkeiten, die bei einer Heimaufnahme bedacht und durchgeführt werden müssen.
> - Nennen Sie alternativen Wohnformen, die für Dorothea Müllewitz in Frage gekommen wären.

Lernfeld 2.2 Alte Menschen bei der Wohnraum- und Wohnumfeldgestaltung unterstützen

Hilfsmittel und Wohnraumanpassung

> **Bearbeitungsschwerpunkt:**
> - Erforderliche Wohnraumanpassung

Markus Faller wünscht sich eine Wohnraumanpassung

Markus Faller, 79 Jahre alt, kommt nach seiner dritten Hüftoperation nach Hause. Immer wieder hatte sich der Schaft im Oberschenkel gelockert oder Infektionen im Operationsgebiet zwangen ihn zur Bettruhe. Nun kann er nur noch mit Hilfe stehen und kleine Schritte gehen. Er fährt mit einem Rollstuhl und bedarf umfassender Unterstützung, die ihm seine 15 Jahre jüngere Ehefrau zusagt.
Das Ehepaar Faller bewohnt eine Dreizimmerwohnung im Erdgeschoss. Die Türdurchgänge sind für den Rollstuhl zu schmal. Die Wohnung ist nicht barrierefrei und rollstuhlgerecht. »Mein Mann bleibt auf jeden Fall bei mir zu Hause. Welche Möglichkeiten habe ich da?«, fragt Frau Faller.

Bearbeitungshinweise:
- Recherchieren Sie bei Ihrer Landesregierung, ob es Modell- bzw. Förderprogramme zum »Barrierefreien Wohnen« oder zur »Seniorengerechten Wohnraumanpassung« gibt.
- Vergleichen Sie die Programme anderer Länder.
- Forschen Sie in Ihrer Region, wie man vorgehen muss, wenn man eine Wohnraumanpassung vornehmen will. Erarbeiten Sie einen Plan, der die Finanzierung berücksichtigt.
- Recherchieren Sie in Fachbüchern, im Internet, Sanitätshäusern und Spezialfirmen, welche Hilfsmitteln zur Verfügung stehen und wie diese zu finanzieren sind.
- Besuchen Sie Fachmessen und sammeln Sie Broschüren und Informationen zu Hilfsmitteln und zur Wohnraumanpassung.

Lernbereich 2: Unterstützung alter Menschen bei der Lebensgestaltung

Lernfeld 2.3 Alte Menschen bei der Tagesgestaltung und bei selbst organisierten Aktivitäten unterstützen

Tagesstrukturierende Maßnahmen

> **Bearbeitungsschwerpunkt:**
> - Planung von Aktivitäten im Heimalltag

Anita Grugel kennt sich aus

Anita Grugel, Ihre Lehrerin, sagt: »Die Lebensqualität alter Menschen im Heim ist umso größer, je mehr sie den Alltag mit gestalten und ihre Kenntnisse und Erfahrungen mit einbringen können.«

> **Bearbeitungshinweise:**
> - Informieren Sie sich in Ihren Einrichtungen, inwieweit die Senioren den Alltag im Heim mitbestimmen.
> - Welche Möglichkeiten der Mitbestimmung sehen Sie?
> - Wie erklären Sie, dass viele Heimbewohner den Tagesablauf nicht aktiv mitgestalten?
> - Sprechen Sie Ihre Praxisanleitung an und arbeiten Sie aktiv an einem Plan zur Tagesgestaltung gemeinsam mit den Bewohnern.
> - Berücksichtigen Sie bei Ihren Plänen Uhrzeiten, Wochentage, Jahreszeiten und Feiertage.
> - Nennen Sie Rituale, die für die Heimbewohner wichtig sein können.
> - Wie viele und welche Gruppenangebote würden Sie planen?
> - Welche Angebote sollten geplant werden, wenn Bewohner diese nicht mehr selber mit gestalten können?

Lernfeld 2.3 Alte Menschen bei der Tagesgestaltung und bei selbst organisierten Aktivitäten unterstützen

Musische, kulturelle und handwerkliche Beschäftigungs- und Bildungsangebote

Bearbeitungsschwerpunkt:
- Musizieren im Seniorenheim

Sebastian und die Musikschule

Sebastian ist 15 Jahre alt und seit acht Jahren Mitglied der Musikschule. Er liebt die Musik, vor allem seine Instrumente, Klavier und Geige. Für ihn ist das Proben keine Qual, sondern Freude.

Seit drei Wochen wohnt seine Oma im städtischen Altenheim. Bei den Besuchen kommt Sebastian eine Idee. Er fragt seinen Musiklehrer: »Wie wäre es, wenn wir mit unserer Gruppe häufiger im Altenheim spielen würden? Dort sind die Menschen so einsam und für uns wären es Proben.«

Bearbeitungshinweise:
- Was halten Sie von Sebastians Idee?
- Ließe sich diese Idee in Ihren Einrichtungen realisieren?
- Welche Wirkung und Bedeutung hat Musik für Menschen?
- Erfragen Sie in Ihren Einrichtungen, ob ähnliche Ideen realisiert wurden.
- Sammeln Sie weitere Ideen zur Realisierung von musischen, kulturellen und handwerklichen Beschäftigungs- und Bildungsangeboten.

Lernbereich 2: Unterstützung alter Menschen bei der Lebensgestaltung

Lernfeld 2.3 Alte Menschen bei der Tagesgestaltung und bei selbst organisierten Aktivitäten unterstützen

Bearbeitungsschwerpunkte:
- Freizeitgestaltung im Altenclub
- Planung einer zweiwöchigen Urlaubsfahrt

Agnes Dopper plant ihre Freizeit

Der Altenclub »SMF« (Senioren machen Freizeit) besteht in einer mittelgroßen Kleinstadt seit sechs Monaten. Er wird von der Seniorenstelle der Stadt unterstützt und ansonsten autonom von den Clubmitgliedern geleitet. Der Club hat mittlerweile 42 feste Mitglieder, externe Personen können aber jederzeit das reichhaltige Freizeitangebot in Anspruch nehmen. Bislang waren ausschließlich Personen an den Aktivitäten beteiligt, die noch fit sind. Die Mitglieder haben nun beschlossen, dass sich dies ändern soll. Sie planen, dass auch hilfebedürftige Menschen zukünftig am Angebot teilhaben sollen. Hierzu bedarf es zunächst der sorgfältigen und fachbezogenen Vorbereitung.

Die erste pflegebedürftige Person, die nun an diesem Club Freude haben soll, ist Agnes Dopper. Sie ist 67 Jahre alt und leidet seit 30 Jahren an einer fortschreitenden Multiplen Sklerose. Seit acht Jahren sitzt sie im Rollstuhl, ist urin- und stuhlinkontinent und kann ihre Körperpflege nur sehr eingeschränkt selbstständig durchführen. Beim Essen bedarf sie der Hilfe, und nachmittags ist sie auf mindestens eine Stunde Schlaf angewiesen. Agnes Dopper ist trotz ihrer schweren Behinderungen meist bester Laune. Ihre Freundin, die seit Beginn des Clubs Mitglied ist, hat sie dazu motiviert auch beizutreten.

Sie werden nun als Altenpflegerin von der Stadt eingestellt und sollen künftig das begonnene Konzept fortsetzen. Direkt geplant werden soll eine zweiwöchige Urlaubsfahrt in die Toskana, deren Hauptkoordination Sie übernehmen sollen und an der Sie teilnehmen werden. Im weiteren Verlauf sollen Sie Vorschläge für weitere Aktivitäten bieten und es vor allem ermöglichen und fördern, dass weitere pflegebedürftige Menschen integriert werden.

> Bearbeitungshinweis:
> - Planen Sie das Projekt.
> - Erstellen Sie einen ausgearbeiteten Projektplan.

Lernfeld 2.3 Alte Menschen bei der Tagesgestaltung und bei selbst organisierten Aktivitäten unterstützen

Feste und Veranstaltungsangebote

> Bearbeitungsschwerpunkte:
> - Besuche im Fitnessstudio
> - Förderung der Bewegung von Heimbewohnern

Altenpflegeschülerin Mona hat eine Idee

Mona leistet als Altenpflegeschülerin im Seniorenheim »Zum Sonnental« einen berufspraktischen Einsatz. Als sie morgens einer rüstigen Seniorin beim Anziehen hilft, entwickelt sich folgendes Gespräch:
Seniorin: »Ach, Fräulein Mona, wie schön schlank und fit Sie doch sind! So war ich auch einmal. Aber man ist ja ganz aus der Übung. Je weniger Bewegung, desto mehr tun einem die Knochen weh. Treiben Sie viel Sport?«
Mona: »Nein, früher war ich im Sportverein. Aber dort musste ich austreten, wissen Sie, der Schichtdienst, das ging nicht mehr. Jetzt gehe ich nur noch ins Fitnessstudio, wenn ich es schaffe.«
Mona beendet ihre Tätigkeit, verabschiedet sich und verlässt das Zimmer. Da kommt ihr eine Idee: »Unsere Bewohnerinnen und Bewohner im Fitnessstudio, morgens eine Stunde, zweimal in der Woche oder einmal …, das fördert die Beweglichkeit, das müsste doch auch die Krankenkassen interessieren …, das hält unsere Bewohner fit … und außerdem kämen die endlich mal raus hier. Oder sollen wir so etwas hier im Haus einrichten?«
Mona ist von der Idee ganz begeistert und rennt bei der Heimleiterin offene Türen ein: »Eine tolle Idee. Wir müssten mal überlegen, wie wir das realisieren könnten. Daran wären sicher einige unserer Bewohnerinnen und Bewohner interessiert.«

Lernbereich 2: Unterstützung alter Menschen bei der Lebensgestaltung

Bearbeitungshinweise:
- Erarbeiten Sie in Kleingruppen ein Konzept zur Realisierung dieser Idee.
- Sprechen Sie mit Einrichtungsleitungen, mit Krankenkassen und mit Betreibern von Fitnessstudios, ob diese Idee Aussicht auf Erfolg hat und klären Sie die Rahmenbedingungen.
- Nehmen Sie Kontakt zu Sporthochschulen auf und fragen Sie, ob diese Sie unterstützen können.

Lernfeld 2.3 Alte Menschen bei der Tagesgestaltung und bei selbst organisierten Aktivitäten unterstützen

Bearbeitungsschwerpunkte:
- Literaturkreis im Begegnungshaus
- Freiwilliges Engagement alter Menschen

Judith Mühlenkamp und die Literatur

Sie arbeiten als Altenpfleger/in in einem großen Alten- und Pflegeheim, an das, als offene Einrichtung, ein Begegnungshaus angeschlossen ist.

Geplant wurde dieses Begegnungshaus als Treffpunkt für Bewohnerinnen des Heims und für alle anderen Menschen, die von außerhalb kommen und sich um Geselligkeit bemühen, oder die sich für die angebotenen Programme interessieren. Jung und Alt sollen sich hier treffen, und dementsprechend sollen die Programmangebote sein. Bisher konnten auch schon tolle und interessante Angebote gemacht werden, und das Begegnungszentrum wird seit der Eröffnung vor einem Jahr recht gut besucht.

Sie arbeiten zusammen mit einer Beschäftigungstherapeutin in dem so genannten »sozialen Dienst«, planen die Angebote mit und sind vor allem für den Kontakt zu den Bewohnerinnen verantwortlich. Momentan ist Ihnen noch eine Studentin der Sozialpädagogik zugeteilt, die für fünf Monate einmal in der Woche kommt, um ihr Praktikum abzuleisten.

Letzte Woche hatten Sie Kontakt zu einer Bewohnerin der Wohnstation, Judith Mühlenkamp. Sie war früher Bibliothekarin und hat in ihrer Jugend Literaturwissenschaft studiert. Mit ihren 70 Jahren ist sie noch sehr fit und äußerte die Idee, in der Begegnungsstätte einen Literaturkreis zu eröffnen: »Das wäre etwas, was mir großen Spaß machen würde. Nur allein kann ich das natürlich nicht. Da brauche ich schon Unterstützung. Aber Ideen hätte ich viele, und auch noch Kontakte zu verschiedenen Autoren.«

Sie wollen diese Idee gemeinsam mit Judith Mühlenkamp realisieren. Auch die Studentin zeigt großes Interesse. Sie will ihren Projektbericht darüber schreiben, und auch in der Zeitung könnte man darüber berichten.

Bearbeitungshinweis:
- Planen Sie das Projekt.
- Erstellen Sie einen ausgearbeiteten Projektplan.
- Forschen Sie in Altenpflegeeinrichtungen nach Literatur, die Bewohnern zur Verfügung gestellt wird.

Lernfeld 2.3 Alte Menschen bei der Tagesgestaltung und bei selbst organisierten Aktivitäten unterstützen

Medienangebote

Bearbeitungsschwerpunkte:
- Internetcafé
- Lesezirkel
- Nachtkino im Heim

Projektgruppe im Heim

In der Projektgruppe »Medienangebote im Heim« entstand folgende Idee: Ein Internetcafé für Senioren soll eingerichtet werden.
Über ein Abonnement sollen Illustrierte wöchentlich ins Heim geliefert werden, die allen Bewohnern zur Verfügung gestellt werden und über eine neue Großleinwand wird viermal wöchentlich ab 22.00 Uhr das Nachtkino flimmern.

Lernbereich 2: Unterstützung alter Menschen bei der Lebensgestaltung

> Bearbeitungshinweise:
> - Was halten Sie von den Ideen der Projektgruppe?
> - Greifen Sie die Ideen auf und überprüfen Sie diese in der Berufspraxis auf ihre Realisierbarkeit und Tauglichkeit.
> - Entwickeln Sie weitere Ideen zu Medienangeboten, die Sie praktisch umsetzen.
> - Wie können Sie Ihre Kreativität im Berufsalltag aktiv halten?
> - Diskutieren Sie in der Gruppe.

Lernfeld 2.3 Alte Menschen bei der Tagesgestaltung und bei selbst organisierten Aktivitäten unterstützen

Freiwilliges Engagement alter Menschen

> Bearbeitungsschwerpunkte:
> - Aktivitäten in der Altentagesstätte
> - Tanzkurs von und für Senioren

Hermann Hülsmann möchte tanzen

Sie sind als Altenpflegerin in einer städtischen Altentagesstätte angestellt. Die Altentagesstätte hat montags bis freitags täglich zwischen 10.00 und 18.00 Uhr geöffnet, wobei die meisten Besucherinnen zu den Nachmittagsstunden kommen.

Täglich kommen im Durchschnitt 40 Personen, manchmal mehr, manchmal weniger, um an den meist netten Geselligkeiten teilhaben zu können.

Viele Besucher sagen, dass ihnen der Kontakt zu den anderen Menschen am wichtigsten ist, aber häufiger bietet die Tagesstätte auch sehr attraktive Tagesangebote wie Unterhaltungsveranstaltungen, Beschäftigungen oder Festlichkeiten. Manchmal kommen auch Besucher mit Vorschlägen und Wünschen.

Gestern trat Hermann Hülsmann mit dem Wunsch und der Frage an Sie heran, ob es möglich ist einen Tanzkursus in der Tagesstätte durchführen zu können. Hermann Hülsmann ist 70 Jahre alt und erfreut sich bester Gesundheit. Er ist seit sechs Jahren Witwer und war bis zu seinem 62. Lebensjahr Tanzlehrer, hatte früher eine eigene Tanzschule und sagt: »Das ist heute noch mein Hobby. Ich bin zwar nicht mehr so fix auf den Beinen, aber ich würde gern unentgeltlich noch einmal einen Kursus leiten. Könnten wir das nicht hier in der Tagesstätte organisieren? Dann könnten sich Interessierte dazu melden, am Kurs teilnehmen und wer nicht tanzen möchte, kann zuschauen. Was halten Sie davon?«

Bearbeitungshinweise:
- Nehmen Sie Stellung zu Hermann Hülsmanns Vorschlag.
- Erforschen Sie in Ihrer Region, welche Angebote Tagesstätten für Senioren anbieten.

Lernfeld 2.3 Alte Menschen bei der Tagesgestaltung und bei selbst organisierten Aktivitäten unterstützen

Bearbeitungsschwerpunkt:
- Freiwillige Pflegeberater

Projektidee aus dem Sozialamt

Sie haben im Unterricht gehört: »Unter dem Druck immer knapper werdender wirtschaftlicher Ressourcen und der immer größer werdenden Zahl der »aktiven Alten« muss das Ehrenamt in der Altenhilfe eine immer größer werdende Bedeutung erlangen.«

Ganz konkret hat sich eine Mitarbeiterin des Kreissozialamtes an Ihre Altenpflegeschule gewandt: Sie hat die Idee, Laien zu schulen, die ehrenamtlich pflegende Angehörige unterstützen.

Lernbereich 2: Unterstützung alter Menschen bei der Lebensgestaltung

Bearbeitungshinweise
- Recherchieren Sie im Internet unter »FOGERA« und »Pflegeberater« zum beschriebenen Modellprojekt und erörtern Sie im Unterricht den Nutzen und die Vor- und Nachteile dieses Projekts.
- Kennen Sie andere Projekte zur Gewinnung von Ehrenamtlichen?
- Für welche Tätigkeiten, glauben Sie, sind alte Menschen zu gewinnen?
- In vielen Einrichtungen der Altenhilfe gab es aktive Ehrenamtliche?
- Leider sind viele Gruppen und Ideen wieder verschwunden. Welche Ursachen vermuten Sie?
- Nehmen Sie kritisch Stellung: Wann spricht man von Engagement und wann von Ausnutzung?
- Benötigt unsere Gesellschaft mehr freiwilliges Engagement alter Menschen?

Lernfeld 2.3 Alte Menschen bei der Tagesgestaltung und bei selbst organisierten Aktivitäten unterstützen

Selbsthilfegruppen

Bearbeitungsschwerpunkt:
- Sinn und Zweck von Selbsthilfegruppen
- Selbsthilfegruppen als Mittel zur Selbsthilfe

Melanie Hass und die Selbsthilfe

Melanie Hass leidet seit 20 Jahren an Multiple Sklerose. Heute ist sie 68 Jahre alt und lebt seit einem Monat im Pflegeheim. Seit zehn Jahren ist sie aktives Mitglied der MS-Selbsthilfegruppe.
Melanie Hass fragt die Heimleiterin: »Ist es möglich, dass sich unsere regionale Selbsthilfegruppe nun immer hier im Heim trifft? Das wäre einmal im Monat, nachmittags für zwei Stunden.«

Bearbeitungshinweise:
- Recherchieren Sie in Fachbüchern und im Internet, welche Selbsthilfegruppen es gibt.
- Welche Ziele verfolgen Selbsthilfegruppen?
- Recherchieren Sie in Ihrer Region, welche aktiven Selbsthilfegruppen angeboten werden.
- Laden Sie einen Vertreter einen Selbsthilfegruppe in Ihren Unterricht ein und interviewen Sie ihn nach vorbereiteten Fragen.
- Welche Bedeutung messen Sie Selbsthilfegruppen bei?
- Wie würden Sie als Heimleiterin entscheiden?

Lernfeld 2.3 Alte Menschen bei der Tagesgestaltung und bei selbst organisierten Aktivitäten unterstützen

Seniorenvertretung, Seniorenbeiräte

Bearbeitungsschwerpunkte:
- Ideen einer aktiven Seniorenvertretung
- Besuchsdienst im Seniorenheim

Besuchsdienst im Altenheim

In einem Seniorenheim wendet sich der Seniorenbeirat der Region mit einer Idee an die Heimleitung: »Wir möchten, dass dieses Heim durch einen Besuchsdienst unterstützt wird. Viele sind hier so einsam und bekommen nie Besuch. Sicher gibt es draußen viele Menschen, die ehrenamtlich so etwas gern tun würden. Können Sie das nicht veranlassen?«

Lernbereich 2: Unterstützung alter Menschen bei der Lebensgestaltung

Bearbeitungshinweise:
- Erklären Sie: Was versteht man unter einem Seniorenbeirat?
- Nehmen Sie Stellung: Was halten Sie von dieser Idee?
- Berichten Sie Ihren Mitschülern von Ihren Erfahrungen, die Sie zu diesem Thema schon gesammelt haben.
- Interviewen Sie in Ihren Pflegeeinrichtungen die Verantwortlichen zu diesem Thema.
- Wie könnte diese Idee realisiert werden?

Lernbereich 3: Rechtliche und institutionelle Rahmenbedingungen altenpflegerischer Arbeit

Lernfeld 3.1 Institutionelle und rechtliche Rahmenbedingungen beim altenpflegerischen Handeln berücksichtigen

> Prüfungsrelevantes Lernfeld! Mögliche Prüfungsfragen/-aufgaben

Lernfeld 3.1 Institutionelle und rechtliche Rahmenbedingungen beim altenpflegerischen Handeln berücksichtigen

Systeme der sozialen Sicherung

> Bearbeitungsschwerpunkte:
> - Verwahrlosung
> - Soziale Netzwerke
> - Beratungsgespräch ambulante Pflege
> - Leistungsspektrum und Finanzierung

Eberhard Klee fühlt sich gestört

In der Sozialstation meldete sich vor drei Tagen der örtlich ansässige Hausarzt und berichtete über einen älteren Mann, Eberhard Klee, der vor einigen Tagen wegen einer starken Schnittwunde an der Hand von seinen Nachbarn in die Praxis des Hausarztes gebracht wurde.

Der Hausarzt berichtet weiter, dass Eberhard Klee starke Verwahrlosungstendenzen zeigt und vermutlich weiterer Unterstützung bedarf. Mit den Worten: »Schauen Sie doch dort mal nach dem Rechten«, verabschiedet er sich.

Lernbereich 3: Rechtliche und institutionelle Rahmenbedingungen

Ein erster Hausbesuch einer Altenpflegerin der Sozialstation in dem kleinen Haus von Eberhard Klee, das in einem erbärmlichen Zustand ist, bietet ein erschreckendes Bild.

Eberhard Klee öffnet zwar die Tür, will aber keinen Besuch ins Haus hereinlassen. Er sagt: »Ich komme schon allein zurecht. Wer hat Sie geschickt? Machen Sie, dass Sie wegkommen!«

Auf die Erklärung hin, dass sie Altenpflegerin ist und lediglich nach seinem Wohlbefinden schauen möchten, wird Eberhard Klee etwas zugänglicher. Auf die Frage hin: »Haben Sie heute schon etwas gegessen?« antwortet er: »Ich esse immer dasselbe wie meine Katzen.« Im Inneren des Hauses liegen verschimmelte Essensreste, auf dem Boden stehen mehrere Näpfe für die Katzen. Berge von Müll türmen sich im Wohnzimmer und in der Küche.

Eberhard Klee scheint Anfang 70 zu sein. Sein Alter lässt sich schwer schätzen, da er sehr abgemagert und ausgesprochen verwahrlost gekleidet ist. Geistig macht er aber einen fitten und orientierten Eindruck. Die Altenpflegerin verabschiedet sich mit der Frage: »Kann ich morgen wiederkommen?«, doch Eberhard Klee antwortet: »Nein, der sozialpsychiatrische Dienst war auch schon hier. Lasst mich in Ruhe.«

Am Folgetag sagt Eberhard Klee jedoch: »Kommen Sie rein. Ich habe es mir überlegt, Sie können mir ja mal erklären, ob und wie Sie mir helfen können.«

Bearbeitungshinweise:
- Nennen Sie soziale Organisationen, die mit der im Fall beschriebenen Situation zu tun haben könnten.
- Erklären Sie: Hat Eberhard Klee ein Recht darauf, niemanden in sein Haus zu lassen? Worauf gründet dieses Recht?
- Wie schätzen Sie die rechtliche Situation für den ambulanten Pflegedienst im beschriebenen Fall ein?
- Nennen Sie Träger, Dienste und Einrichtungen des Gesundheits- und Sozialwesens, die im beschriebenen Fall unterstützend wirken könnten.
- Welche Inhalte werden in einem beratenden Erstgespräch von der Altenpflegerin der Sozialstation gegeben? Was wird die Altenpflegerin zusätzlich erfragen?
- Über welches übliche Leistungsspektrum verfügen die meisten ambulanten Pflegeeinrichtungen? Welches Leistungsspektrum könnte die Altenpflegerin anbieten?

- Welche möglichen Vertragsbedingungen könnte Eberhard Klee eingehen?
- Welche Leistungen werden nach SGB XI und V übernommen und welche Voraussetzungen müssen dazu erfüllt sein?

Lernfeld 3.1 Institutionelle und rechtliche Rahmenbedingungen beim altenpflegerischen Handeln berücksichtigen

Träger, Dienste und Einrichtungen des Gesundheits- und Sozialwesens

Bearbeitungsschwerpunkte:
- Einrichtungen im Sozialversicherungssystem
- Kostenträger im Sozial- und Gesundheitswesen
- Finanzielle Dimensionen des Systems

Richard Faller blickt zurück

Richard Faller, 79 Jahre alt, unterhält sich mit seiner Enkelin Franziska. Die ist gerade 18 Jahre alt geworden, geht noch zur Schule und bereitet sich auf ein Referat zum Thema »Kritische Haltung zum Gesundheits- und Sozialwesen in Deutschland« vor.

Franziska: »Opa, das ganze Sozialversicherungssystem sollte durch die Regierung geändert werden. Vor allem das der Pflege- und Krankenversicherung. Jeder sollte selber sparen und bei Bedarf von seinem Gesparten das für Behandlungen bezahlen, was er investieren möchte. Zurzeit haben wir doch einen Selbstbedienungsstaat.«

Richard Faller: »Ja Kind, das sagst Du so. Aber schau mal, wenn ich mir überlege, ich hätte für meine Krankenhausaufenthalte und alle weiteren Behandlungen in meinem Leben – Du weißt, was mir alles widerfahren ist – selber in die Tasche greifen müssen, dann wäre ich heute ein armer Mann und das hätte Auswirkungen auf unsere ganze Familie gehabt. Wir können ja mal aufschreiben, was seit meiner Geburt, neben kurzen Arztbesuchen, bis heute so zusammen kommt. Das wäre doch ein guter Einstieg für Dein Referat.«

Lernbereich 3: Rechtliche und institutionelle Rahmenbedingungen

Herr Faller und Franziska notieren:
- Geburt: Damals, im häuslichen Umfeld auf dem Land im Harz, musste die Hebamme kommen, weil es Probleme während der Geburt gab.
- Mit zwei Jahren: Herr Faller brach sich den Arm und wurde im Krankenhaus behandelt.
- Mit 35 Jahren: Herr Faller hat erstmalig massive Hautprobleme. Er arbeitet als Schweißer. Jährliche Krankenhausaufenthalte folgen.
- Mit 42 Jahren: Erster neurodermitischer Schub. Sechs Wochen Klinikaufenthalt, anschließend Berufsunfähigkeit von der Berufsgenossenschaft anerkannt.
- Mit 43 Jahren: Umschulung zum Angestellten bei der Post.
- Mit 48 Jahren: Kuraufenthalt in einer Hautklinik in der Schweiz. Der Antrag auf Schwerbeschädigung wird anerkannt.
- Mit 52 Jahren: Kuraufenthalt in einer Hautklinik auf Norderney.
- Mit 59 Jahren: Herr Faller wird während der Arbeit von einem Wagen angefahren und erleidet massive Frakturen. Sechs Wochen Krankenhausaufenthalt und eine anschließende Rehabilitation sind notwendig.
- Mit 63 Jahren: Leichter Herzinfarkt.
- Mit 68 Jahren: Ein Herzschrittmacher wird eingesetzt
- Mit 69 Jahren: Herr Faller bekommt eine neue Hüfte.
- Mit 70 Jahren: Herr Faller muss wegen Schaftlockerung in einer Spezialklinik eine Prothesenwechsel-Operation durchführen lassen.
- Mit 71 Jahren: Vier Wochen Kurzzeitpflege, weil die Familie, die Herrn Faller pflegt und unterstützt, Verwandte im Ausland besucht. Häufig sagt er: »Zum Glück habe ich meine Erwerbsunfähigkeitsrente.«
- Mit 73 Jahren: Herr Faller ist wegen massiver Probleme beim Gehen vom Rollstuhl abhängig und bestellt »Essen auf Rädern«.
- Mit 78 Jahren: Herr Faller wird durch die ambulante Pflege zu Hause unterstützt.
- Heute: Herr Faller besucht zweimal in der Woche zusätzlich eine Tagesklinik, da seine Schwiegertochter berufstätig ist und ihn somit daheim nicht versorgen kann.

Lernfeld 3.1

Bearbeitungshinweise:
- Klären Sie anhand der Aufzählung von Richard Faller, welche Einrichten/Dienste jeweilig zuständig waren und Unterstützung geleistet haben.
- Erklären Sie die jeweiligen Kostenträger.
- Versuchen Sie, die jeweiligen Kosten grob zu ermitteln.
- Nennen Sie die jeweiligen Ziele eines Krankenhauses, eines Altenheimes, eines ambulanten Pflegedienstes und einer Tagesklinik.
- Erklären Sie, wie ein organisatorisches Netzwerk mit einem Altenheim verknüpft ist.
- Nennen Sie Instrumente und Strukturen, die eine integrierte Versorgung für alte Menschen in einer Region sicherstellen können.

- Diskutieren Sie das Pro und Contra unseres Krankenkassen- und Gesundheitssystems.
- Wie funktioniert die Pflegeversicherung und welche Grenzen hat die Pflegeversicherung (SGB XI) mittlerweile erreicht?
- Beschreiben Sie den aktuellen sozialen Wandel in unserer Gesellschaft.
- Welche sozialen Auswirkungen hat dieser soziale Wandel?

Lernbereich 3: Rechtliche und institutionelle Rahmenbedingungen

Lernfeld 3.1 Institutionelle und rechtliche Rahmenbedingungen beim altenpflegerischen Handeln berücksichtigen

Vernetzung, Koordination und Kooperation im Gesundheits- und Sozialwesen

Bearbeitungsschwerpunkte:
- Beschäftigung
- Soziale Sicherung

Annedore Schleifer fühlte sich sicher

Annedore Schleifer, 64 Jahre alt, unverheiratet, lebte ihr Leben lang mit ihrer ebenfalls ledigen Schwester zusammen. Die Geschwister meisterten ihr Leben gemeinsam. Im Laufe der Zeit haben sie sich ein Eigenheim errichtet und leben bereits 20 Jahre darin.

Annedore Schleifer war von Beruf Telefonistin bei der Bundespost. Sie liebte ihren Beruf; doch im Alter von 60 Jahren wurde sie pensioniert. Es war kurz nach dem Tod ihrer Schwester, die plötzlich an einem Herz-Kreislaufversagen starb.

Annedore Schleifer hat keine Verwandten mehr und steht allein in dieser Welt. Aufgrund ihrer Lebensumstände hat sie nur wenige Kontakte zu anderen Menschen, darüber hinaus ist sie auch kein Mensch, der vorbehaltlos auf andere Menschen zugeht. Sie sagt: »Ich bin schon häufiger von anderen Menschen enttäuscht worden. Das ist auch ein Grund, warum ich nicht verheiratet bin.«

Nach dem Tod der Schwester tat sich für Annedore Schleifer ein großes Loch auf. Gesundheitlich ging es ihr sehr schlecht. Sie litt an Depressionen, so dass sie ihren Beruf nicht mehr korrekt ausüben konnte. Sie lag tagelang im Bett, ging nicht zum Dienst und trank viel Alkohol. Die gesundheitlichen Gründe führten schließlich zur frühzeitigen Pensionierung.

Ungefähr ein Jahr nach dem Tod der Schwester wurde Annedore Schleifer nach einem Suizidversuch mit Schlaftabletten völlig verwahrlost in das Krankenhaus eingewiesen. Dort wurde sie körperlich wieder hergestellt, und nach dem Krankenhausaufenthalt machte sie einen Entzug.

Auf Anraten des betreuenden Psychologen und unter Mithilfe der Sozialarbeiterin besucht sie regelmäßig die dem Krankenhaus angeschlossene Tagesklinik. Dort wird sie von 8.00 Uhr bis 17.00 Uhr betreut. Abends geht sie nach Hause und versorgt sich den Rest des Tages dort eigenständig. So lebt sie bereits seit ungefähr dreieinhalb Jahren. Ihr Gesundheitszustand hat sich so weit stabilisiert, dass sie die Möglichkeit hat, in einem Monat allein zu wohnen. Die Behandlung durch die Tagesklinik ist dann abgeschlossen.

Als Annedore Schleifer das mitgeteilt bekommt, reagiert sie erschreckt und sagt: »Was soll ich nur den ganzen Tag tun? Ich hab ja niemanden mehr!«

Bearbeitungshinweise:
- Welche sozialen und medizinischen Einrichtungen und Organisationen waren mit der Versorgung und Behandlung von Annedore Schleifer bislang beauftragt? Nennen Sie alle.
- Welche Einrichtungen und Organisationen könnten Annedore Schleifer zukünftig nutzen?
- Erklären Sie, wie die Kosten für die Tagesklinik finanziert werden.
- Nach welchen Zielsetzungen und Konzepten arbeiten Tageskliniken?
- Versuchen Sie zu erklären, warum Annedore Schleifer so erschreckt reagiert.
- Welche Konsequenzen könnte der Wegfall des Besuchs der Tagesklinik für Annedore Schleifer haben?
- Nennen Sie Träger der Sozialversicherung. Welche Versicherungen sind in der Vergangenheit bereits für Annedore Schleifer eingetreten?

Lernbereich 3: Rechtliche und institutionelle Rahmenbedingungen

Lernfeld 3.1 Institutionelle und rechtliche Rahmenbedingungen beim altenpflegerischen Handeln berücksichtigen

Bearbeitungsschwerpunkte:
- Netzwerkbildung
- Verbrennung

Hans Nordt wünscht sich eine umfassende Versorgung

Heute Nachmittag meldet sich Hans Nordt telefonisch bei Ihnen im Stützpunkt Ihres privaten Pflegedienstes. Er berichtet: »Ich hab da in der Zeitung gelesen, dass man bei Ihnen Hilfe bekommen kann. Wissen Sie, ich habe mich heute Morgen furchtbar verbrannt. Beim Kaffee kochen. So etwas habe ich auch noch nie selber gemacht, aber seit meine Lebensgefährtin weg ist …! Wissen Sie, wir haben uns nicht mehr verstanden, und beim letzten Krach gestern ist sie einfach weg. Die hat mir hier sonst alles gemacht. Können Sie mir jetzt helfen?«

Auf Ihre Nachfragen erzählt er, dass er noch nicht beim Arzt war, sondern seine Verbrennungen nur mit Mehl und Butter eingerieben hat. Das sei ein altes Hausmittel. Er berichtet weiter, dass er 74 Jahre alt ist und er gibt seine Adresse an, eine Mietwohnung in einem Mehrfamilienhaus. Auf Ihren Rat, erst einmal zum Arzt oder ins Krankenhaus zu gehen, antwortet Hans Nordt, dass er nicht Autofahren kann und dass die Taxen ja unverschämt teuer sind.

Bevor Sie das Telefonat beenden, um gleich die notwendigen Schritte einleiten zu können, fragt er noch: »Sagen Sie mal, wer bezahlt das eigentlich? Macht das meine Krankenkasse, und können Sie nicht auch dafür sorgen, dass ich das Essen jetzt immer gebracht bekomme? Und zum Saubermachen, da brauche ich jetzt ja auch jemanden. Können Sie das auch machen oder können Sie nicht erst mal kommen?«

Bearbeitungshinweise:
- Erklären Sie, wie Sie sich als Altenpflegekraft im beschriebenen Fall verhalten würden.
- Welche Auskünfte würden Sie Hans Nordt geben und welche Schritte würden Sie einleiten?
- Zählen Sie auf: Nach welchen Leistungen hat Hans Nordt im Einzelnen gefragt?
- Wer könnte die einzelne Leistung erbringen?

- Wer übernimmt welche Kosten für die verschiedenen, von Hans Nordt angefragten Leistungen?
- Welche Leistungen würde die Sozialhilfe übernehmen und unter welchen Voraussetzungen?

Lernfeld 3.1 Institutionelle und rechtliche Rahmenbedingungen beim altenpflegerischen Handeln berücksichtigen

Pflegeüberleitung, Schnittstellenmanagement

Bearbeitungsschwerpunkte:
- Bedeutung der Pflegeüberleitung
- Palliative Pflege

Guthild Lommer braucht eine Pflegeüberleitung

Sie arbeiten als Altenpfleger/in in einem ambulanten Pflegedienst und sind mit der Pflege von Guthild Lommer, 86 Jahre, betraut. Wegen einer schweren Osteoporose ist sie seit zwei Jahren bettlägerig.

Außerdem wurde ihr wegen einer ausgeprägten Schluckinsuffizienz, die auf neurologischen Ursachen beruht, vor einem Jahr eine PEG gelegt. Guthild Lommer wollte dies so, denn sie wollte nach ihren Aussagen »nicht verhungern und verdursten«. Seitdem wird sie komplett über die PEG ernährt. Auch die Schmerztherapie, die wegen der Osteoporose notwendig ist, erfolgt über den enteralen Zugang.

Lernbereich 3: Rechtliche und institutionelle Rahmenbedingungen

Sie pflegen Guthild Lommer schon seit einem Jahr. Jedoch hat sich ihr Allgemeinzustand in den letzten Tagen verschlechtert. Sie wirkt dehydriert. Ursache ist eine hartnäckige Diarrhoe. Guthild Lommer ist stark dekubitusgefährdet und hat seit drei Tagen eine erhöhte Körpertemperatur. Sie klagt über Brennen beim Wasserlassen.

Die Schwiegertochter, die mit der Pflege von Guthild Lommer betraut ist, fühlt sich überfordert. Sie kann die Pflege zu Hause nicht mehr sicherstellen. Nach einem Gespräch mit dem Hausarzt wird eine Verlegung in die Geriatrie oder ins Hospiz geplant.

Bearbeitungshinweise:
- Erklären Sie, was eine Überleitungspflege ist.
- Nehmen Sie zu den folgenden Fragen Stellung:
  - Warum sollten Krankenhäuser, ambulante Dienste, Pflegeheime und Hospize einer Region die gleichen Pflegeüberleitungsprotokolle oder -bögen benutzen?
  - Wie könnte eine Region ein intaktes Schnittstellenmanagement sicherstellen?
  - Wer könnte die Sicherstellung gewährleisten?
  - Welche Daten müssten/sollten auf den Überleitungsbögen vermerkt sein?
  - Wann müssten diese Bögen erstellt werden und von wem?
  - Wer würde die Kosten für eine Unterbringung im Hospiz übernehmen?
  - Welche Vorteile hätte die Pflege im Hospiz gegenüber einer Unterbringung in einem Krankenhaus?

Lernfeld 3.1 Institutionelle und rechtliche Rahmenbedingungen beim altenpflegerischen Handeln berücksichtigen

Bearbeitungsschwerpunkte:
- Kurzzeitpflege
- Überleitungspflege
- Verhinderungspflege

Regina Bleibergs Tochter möchte Urlaub machen

Regina Bleiberg, 68 Jahre alt, lebt seit zwei Jahren, seit sie sich nicht mehr selbständig versorgen kann, bei ihrer Tochter. Ihre Tochter ist verheiratet, der Mann ist in der Zeit von 8.00 bis 17.00 Uhr berufstätig und außer Haus.

Vor zwei Jahren vernachlässigte sich Regina Bleiberg derart stark, dass die Nachbarn sich bei der Tochter meldeten. Nach außen hin war Regina Bleiberg immer freundlich und nett, ging regelmäßig einkaufen und hielt auch Kontakt zu den engeren Nachbarn.

Zunächst, ohne ersichtlichen Grund, brach sie die Kontakte ab, ging nicht mehr einkaufen, und nach Aussagen der Nachbarn roch es sehr stark aus ihrer Wohnung. Ebenso gab es häufiger Streitgespräche auf dem Flur des Mehrfamilienhauses. Regina Bleiberg beschuldigte ihre Nachbarn, dass sie ihr nach Leib, Leben und Geld trachten würden.

Der Kontakt zu ihrer Tochter war zu diesem Zeitpunkt sehr schlecht. Nur zu Feiertagen wie Ostern und Weihnachten wurde Regina Bleiberg von ihrer Tochter eingeladen und abgeholt.

Der Hausarzt wies Regina Bleiberg in eine gerontopsychiatrische Klinik ein. Die Behandlung der psychiatrischen Symptome hatte Erfolg. Während des Krankenhausaufenthaltes wurde Regina Bleiberg jedoch zunehmend körperlich schwächer, so dass sie zum Ende hin vollends bettlägerig war. Im Verlauf des achtwöchigen Krankenhausaufenthaltes verstärkte sich der Kontakt zur Tochter, so dass die Tochter ihre Mutter zu sich nach Hause nahm.

Regina Bleiberg wird bereits seit einem Jahr von ihrer Tochter gepflegt. Diese Pflege wird durch den wöchentlichen Besuch einer Altenpflegerin der Sozialstation unterstützt.

Regina Bleiberg hat einen handtellergroßen Dekubitus im Steißbereich. Die Tochter berichtet, dass ihre Mutter sich ihr gegenüber sehr ablehnend verhält.

Lernbereich 3: Rechtliche und institutionelle Rahmenbedingungen

»Das Jahr, indem ich meine Mutter pflegte, war nicht immer ganz einfach«, sagte die Tochter bei der Aufnahme ins Kurzzeitpflegeheim.
Die Tochter möchte mit ihrem Ehemann Urlaub machen, und die Aufnahme von Regina Bleiberg wurde durch den Hausarzt veranlasst.

Bearbeitungshinweise:
- Welche vertraglichen und organisatorischen Bedingungen müssen vor der Aufnahme ins Kurzzeitpflegeheim getroffen werden?
- Wer übernimmt die Kosten für die Kurzzeitpflege?
- Welche Bedeutung hat die Aufnahme in ein Pflege- oder Kurzzeitheim für die betroffenen Personen?
- Erklären Sie, was lt. SGB XI eine Urlaubs- oder Verhinderungspflege ist und welche Leistungen hieraus erwachsen.
- Beschreiben Sie anhand des Falls die Bedeutung einer lückenlosen Überleitungspflege.
- Beschreiben Sie beispielhaft eine lückenlose Versorgungskette im Gesundheitssystem mit allen an der Versorgung Beteiligten.

Lernfeld 3.1 Institutionelle und rechtliche Rahmenbedingungen beim altenpflegerischen Handeln berücksichtigen

Rechtliche Rahmenbedingungen altenpflegerischer Arbeit

Bearbeitungsschwerpunkte:
- Diebstahl
- Rentenversicherung
- Heimunterbringungskosten

Emmi Pialsko fühlt sich bestohlen

Emmi Pialsko ist 72 Jahre alt und lebt seit sechs Monaten in der Wohnstation Ihres Seniorenheimes. Sie bewohnt ein Einzelzimmer und ist in Pflegestufe I eingestuft.

Häufiger versammeln sich zwei bis drei Mitbewohnerinnen und Mitbewohner in ihrem Zimmer, um gemeinsam Karten zu spielen. Auffallend oft, und auch nachts, ist Paul Brendelhöfer in ihrem Zimmer anzutreffen. Sogar der Zivildienstleistende, der 22-jährige Thomas Vorderbrink, ist nach seiner Dienstzeit häufiger im Zimmer von Emmi Pialsko, um noch »eine Runde Skat zu dreschen«, wie er sich auszudrücken pflegt.

Emmi Pialsko ist sehr gesellig, gibt häufiger mal ein Likörchen oder eine kleine Kaffeetafel aus, und sie ist froh, dass sie sich dies ohne Probleme finanziell leisten kann. Emmi Pialsko verfügt über eine große Rente ihres verstorbenen Ehemannes, und trägt in der Öffentlichkeit gern und großzügig ihren wertvollen Schmuck.

Sie gilt in der Wohnstation als beliebte Mitbewohnerin, jedoch gab es in den letzten Wochen häufiger Anschuldigungen und üble Nachrede von zwei gleichaltrigen Mitbewohnerinnen. Fast neidisch berichteten diese beiden Damen über das affige Getue von Emmi Pialsko und bekunden ihren Ärger, dass Emmi Pialsko ihnen die Männer ausspannt.

Erst gestern Nachmittag verbrachten Thomas Vorderbrink und zwei Mitbewohner lustige und gesellige Stunden im Zimmer von Emmi Pialsko. Eine Stunde, nachdem die Besucher das Zimmer verlassen haben, kommt Emmi Pialsko ganz aufgeregt zur Dienst habenden Wohnbereichsleitung. Mit hochrotem Kopf berichtet sie: »Meine Ohrringe sind weg, die roten Rubine, die noch von meiner Mutter sind, 4.000 Euro sind die wert. Auf dem Schränkchen haben sie gelegen, direkt an der Tür oder am Waschbecken vielleicht. Dann war ich nur ganz kurz draußen, habe noch Herrn Vorderbrink zur Tür gebracht, vorn am Eingang, und sonst war ich doch gar nicht draußen. Rufen Sie sofort die Polizei.«

Lernbereich 3: Rechtliche und institutionelle Rahmenbedingungen

Bearbeitungshinweise
- Schildern Sie, wie Sie sich als verantwortliche Altenpflegerin in dieser Situation verhalten würden.
- Wann würden Sie die Polizei rufen?
- Erklären Sie die Grundzüge des deutschen Rentensystems.
- Welche Kosten würden von wem für die Heimunterbringung von Emmi Pialsko übernommen?
- Welche rechtlichen Konsequenzen würden auf den Zivildienstleistenden zukommen, wenn er als Dieb entlarvt würde?
- Welche rechtlichen Konsequenzen würden folgen, wenn der Schmuck bei einem dementen Mitbewohner im Zimmer gefunden würde?
- Welche rechtlichen Konsequenzen müsste der Mitbewohner, Herr Brendelhöfer tragen, wenn er als Dieb entlarvt würde?

Lernfeld 3.1 Institutionelle und rechtliche Rahmenbedingungen beim altenpflegerischen Handeln berücksichtigen

Bearbeitungsschwerpunkte:
- Soziale Netzwerke
- Stationäre oder ambulante Hilfe
- Betreuungsgesetz

Otmar Buchholz wirft Fragen auf

Bei der Polizei geht eine Meldung aus der Nachbarschaft von Otmar Buchholz ein.
Ottmar Buchholz lebt allein und isoliert. Seit mehreren Tagen wurde er nicht mehr gesehen. Auf das Klingeln der Nachbarn hat er nicht reagiert.
Als der Polizeibeamte an der Tür klingelt, will Otmar Buchholz ihn nicht hereinlassen.
Die Tochter wird informiert und ist plötzlich mit vielen Fragen konfrontiert:
- Was würde ein Heimplatz kosten?
- Worauf soll sie achten, wenn sie einen Heim- bzw. Pflegevertrag abschließt?
- Wie hoch sind die Sätze für die Pflege bei einem ambulanten Dienst?

- Wie erfolgt eine Einstufung in Pflegestufen und wie muss sie diese beantragen?
- Welche Leistungen erfolgen in den jeweiligen Pflegestufen?
- Wer würde die Kosten für eine Heimunterbringung tragen?
- Welche Vor- und Nachteile hätte eine ambulante Versorgung gegenüber einer stationären?
- Benötigt der Vater eine Betreuung?
- Wie wird eine Betreuung eingerichtet und welche Formen unterscheidet man?
- Wer kann eine Betreuung übernehmen?
- Gibt es soziale Netzwerke und Unterstützungen, die es möglich machen, dass der Vater zu Hause bleiben kann?

> Bearbeitungshinweis:
> - Klären Sie alle Fragen der Tochter und beraten Sie die Tochter in einem Beratungsgespräch.

Lernfeld 3.1 Institutionelle und rechtliche Rahmenbedingungen beim altenpflegerischen Handeln berücksichtigen

> Bearbeitungsschwerpunkte:
> - Ausbildung in der Altenpflege
> - Ausbildungsrecht
> - Arbeitsrecht
> - Schweigepflicht

Christian möchte Praxisanleiter werden

Christian ist Schüler der Altenpflege im dritten Ausbildungsjahr und schon jetzt weiß er, dass er nach dem Examen möglichst schnell Schüler in der Praxis ausbilden will.

Er möchte nach zwei Jahren Berufserfahrung eine Weiterbildung zur Praxisanleitung absolvieren, aber schon jetzt interessieren ihn alle Bereiche zum Thema Ausbildung und Arbeitsrecht sehr. Schon während seiner Praxiseinsätze im

Lernbereich 3: Rechtliche und institutionelle Rahmenbedingungen

dritten Jahr hat er Schüler des ersten Ausbildungsjahres angeleitet und gern deren Fragen beantwortet.

Ebenso kann er sich gut vorstellen, dass er später Pflegepädagogik studiert, um an Altenpflegeschulen arbeiten zu können.

> **Bearbeitungshinweise:**
> - Benennen Sie wesentliche Inhalte eines Ausbildungsvertrags.
> - Welche Inhalte sind nicht legale Inhalte eines Ausbildungsvertrags?
> - Nennen Sie wesentliche Kriterien und Einsatzfelder der praktischen Altenpflegeausbildung.
> - Nennen Sie die Rechte und Pflichten eines Auszubildenden beim Träger.
> - Erklären Sie die Finanzierung eines Ausbildungsplatzes.
> - Benennen Sie die tarifrechtlichen Eingruppierungen von Pflegepersonal nach TVÖD und AVR etc.

Lernfeld 3.1 Institutionelle und rechtliche Rahmenbedingungen beim altenpflegerischen Handeln berücksichtigen

Betriebswirtschaftliche Rahmenbedingungen altenpflegerischer Arbeit

> **Bearbeitungsschwerpunkt:**
> - Betriebswirtschaftliche Kenntnisse

Manuela möchte später eine Pflegeeinrichtung betreiben

Manuela legt in wenigen Wochen die staatliche Prüfung in der Altenpflege ab. Sie ist begeistert bei der Sache. Ihre Motivation in der Ausbildung ist hoch. Schon heute ist ihr klar, welche Position sie in einigen Jahren beruflich bekleiden will.

Ihre Eltern betreiben ein kleines Pflegeheim. Dies möchte Manuela später, wenn sie über alle erforderlichen beruflichen Qualifikationen verfügt, gern

Lernfeld 3.1

übernehmen und ausbauen, am liebsten mit einem angeschlossenen ambulanten Pflegedienst.
Über viele betriebswirtschaftliche Aspekte ist sie schon heute gut informiert. Von daher fällt ihr die Prüfungsvorbereitung im Lernfeld 3.1 nicht schwer.

Bearbeitungshinweise:
- Erstellen Sie beispielhaft ein Organigramm für eine stationäre Pflegeeinrichtung. Beschreiben Sie die Verantwortungsbereiche der Mitarbeiter eines Pflegeheims.
- Nennen Sie die Daten der aktuellen Heimpersonalverordnung.
- Berichten Sie, von welchen betriebswirtschaftlichen Rahmenbedingungen eine stationäre und eine ambulante Pflegeeinrichtung abhängig sind.
- Erklären Sie, wie ein ambulanter Dienst und eine stationäre Pflegeeinrichtung ihre Kosten refinanzieren.
- Was haben Betriebswirtschaft und Marketing gemeinsam?
- Wieso wird Marketing für Einrichtungen des Sozial- und Gesundheitswesen zunehmend bedeutsamer?

Lernbereich 3: Rechtliche und institutionelle Rahmenbedingungen

Lernfeld 3.2 An qualitätssichernden Maßnahmen in der Altenpflege mitwirken

Rechtliche Grundlagen

> Bearbeitungsschwerpunkte:
> - Grundlagen, Vorgaben und Kriterien zur Pflegequalität

Schwester Walburga und die Qualitätssicherung

Schwester Walburga arbeitet als Krankenschwester wechselnd in der ambulanten und stationären Abteilung eines Pflegeanbieters.

Sie denkt sehr praxisbezogen und sagt zu einem Altenpflegeschüler, den sie anleiten soll: »Also, mir soll erst mal einer beweisen, warum wir jetzt den ganzen Qualitätsquatsch machen müssen. Wo steht das und wer verlangt das? Ich habe oft den Eindruck, das wollen nur unsere Leitungen, damit sie sich mit Bürokratie und Papier befassen können und nicht am Pflegebett stehen müssen.«

> Bearbeitungshinweise:
> - Könnten Sie Schwester Walburga antworten?
> - Erarbeiten Sie die rechtlichen Grundlagen der qualitätssichernden Maßnahmen
> - Diskutieren Sie: Welchen Einfluss hat das Handeln von Mitarbeitern auf die Qualität der Pflege und einer Einrichtung?
> - Definieren Sie »Qualität«.
> - Erarbeiten Sie aus der Fachliteratur die Qualitätsstufenmodelle nach Fiechter und Meier, nach Kämmer, nach dem Kuratorium Deutsche Altershilfe/AEDL und nach Donabedian.
> - Befassen Sie sich mit den Vorgaben nach dem Pflegeversicherungsgesetz und nach dem MDK-Konzept, dem SGB XI und SGB V zum Thema Pflegequalität.
> - Diskutieren Sie den Satz: »Der Bewohner/Patient ist unser Kunde.«

Lernfeld 3.2 An qualitätssichernden Maßnahmen in der Altenpflege mitwirken

Konzepte und Methoden der Qualitätsentwicklung

Bearbeitungsschwerpunkte:
- Interne und externe Qualitätssicherung

Altenpflegeschüler Rolf möchte gute Pflegequalität garantieren

Altenpflegeschüler Rolf berichtet nach einen berufspraktischen Einsatz. »Ich hatte einen tollen Praxiseinsatz. Ich durfte im internen Qualitätszirkel mitmachen. Das hat mit total viel Spaß gemacht. Wir haben mit unserem Heimbeirat und der Heimleitung ein neues Beschwerdemanagementsystem entwickelt, für Bewohner und Angehörige.
Ich bin gespannt wie das praktisch funktioniert.
Außerdem durfte ich mit an den Pflegevisiten teilnehmen. Nun habe ich Pflege mal von einer ganz anderen Seite betrachtet. Über Qualitätsentwicklung und -sicherung möchte ich mehr wissen. Das sind doch die Instrumente, die sicherstellen, dass die Pflege gut ist.«

Bearbeitungshinweise:
- Sammeln und erarbeiten Sie, welche Instrumente zur internen und externen Qualitätssicherung gehören.
- Diskutieren Sie, warum viele Mitarbeiter so negativ über Qualitätssicherung denken und reden.
- Erarbeiten Sie, was ein Qualitätszirkel ist und wie er arbeiten soll.
- Überprüfen Sie, was die beschriebenen Expertenstandards mit der Pflegequalität und mit Qualitätssicherung zu tun haben.
- Beschäftigen Sie sich z. B. mit dem Expertenstandard Sturzprophylaxe und erarbeiten Sie, welche Kriterien in der Strukturqualität erst einmal sichergestellt werden müssen, um den Standard überhaupt umsetzen zu können.

Lernbereich 3: Rechtliche und institutionelle Rahmenbedingungen

- Erforschen Sie während Ihres praktischen Einsatzes, welche Maßnahmen in Ihrer Einrichtung zur Qualitätssicherung bereits umgesetzt werden.
- Vergleichen Sie die Qualitätskriterien und Qualitätssicherungsinstrumente der stationären und der ambulanten Pflege.
- **Ideen:**
- Überlegen Sie, wie sie die Qualität/Zufriedenheit der Bewohner und Patienten erheben oder abfragen.
- Erarbeiten Sie ein Konzept, wie die Qualität Ihrer Ausbildung überprüft und gesichert werden könnte.
- Interviewen Sie hierzu Ihre Schulleitung und Ihre Lehrer, die Leitung Ihres Ausbildungsträgers und Ihre Praxisanleitung.
- Entwickeln Sie ein QM-System für Ihre Schule und für die praktische Ausbildung.

Lernfeld 3.2 An qualitätssichernden Maßnahmen in der Altenpflege mitwirken

Bearbeitungsschwerpunkte:
- Qualitätsmanagement
- Qualitätsbeauftragte/r

Gespräch im Dienstzimmer

Sie sind Schülerin der Altenpflege und während eines praktischen Einsatzes im Seniorenheim konfrontiert sie das Fach- und Hilfspersonal des Wohnbereiches mit folgenden Aussagen:

»Also, unser Heimleiter hat uns heute während der Leitungskonferenz mitgeteilt, dass wir im Haus ein strategisches Qualitätsmanagementsystem einführen sollen. So ein Modekram und die ganzen Begriffe, da steigt doch keiner durch!

Außerdem hat er gesagt, dass die Elisabeth von der Wohngruppe 3 nun Qualitätsbeauftragte ist und die Qualität im Haus sichern soll. Wie soll das denn funktionieren? Habt Ihr in der Schule schon etwas darüber gehört?«

Bearbeitungshinweise:
- Erarbeiten Sie, welche Qualitätsmanagementkonzepte bekannt sind und in Pflegeeinrichtungen angewendet werden.
- Überlegen und diskutieren Sie, was die Qualität der Pflege ausmacht und wie Sie gemessen und überprüft werden kann. Sammeln sie hierzu praktische Beispiele.
- Erklären Sie, was man unter Struktur-, Prozess- und Ergebnisqualität versteht.
- Recherchieren Sie während Ihres praktischen Einsatzes, wer als Qualitätsbeauftragte/r in der Einrichtung bestimmt ist und welche Aufgaben sie/er erfüllt.
- Erfragen Sie bei der Einrichtungsleitung, ob es eine konkrete Stellenbeschreibung für die/den Qualitätsbeauftragte/n (QB) gibt und wie sie/er im Organigramm des Unternehmens angesiedelt ist.
- Überlegen und diskutieren Sie, ob Sie später die Position der/des QB gern übernehmen würden.

- Beschäftigen Sie sich mit den QM-Systemen und der Zertifizierung nach DIN EN ISO 9001:2000, mit KTQ, dem Diakonie-Siegel und mit EFQM.
- Informieren Sie sich über Fort- und Weiterbildungsmöglichkeiten zu QM.
- Sprechen Sie mit Ihren Lehrern und laden Sie eine Fachkraft für Qualitätsmanagement in den Unterricht ein.

Lernbereich 3: Rechtliche und institutionelle Rahmenbedingungen

Lernfeld 3.2 An qualitätssichernden Maßnahmen in der Altenpflege mitwirken

Fachaufsicht

Bearbeitungsschwerpunkte:
- Instrumente und Kriterien der Fachaufsicht

Janina im Schnupperpraktikum

Janina hat die Möglichkeit, während ihres praktischen Einsatzes ein Schnupperpraktikum bei der Heimaufsicht machen zu können. Sie ist unsicher, denn morgen soll sie sich im Ordnungsamt des Kreises bei den Mitarbeitern der Heimaufsichtsbehörde melden und an einer Heimbegehung teilnehmen.

Sie berichtet ihrer Freundin: »Ich habe mich zur Vorbereitung mit dem Heimgesetz befasst. Ich will mich ja nicht blamieren. Den Leiter der Heimaufsicht kenne ich ja schon aus dem theoretischen Unterricht. Der war ja ganz nett. Aber so richtig kann ich mir nicht vorstellen, wie so eine Begehung stattfindet. Im Heim habe ich mal mitbekommen, als eine MDK-Prüfung war. Das Personal war im Vorfeld verunsichert und aufgeregt. Aber es ist alles super gelaufen, bis hin zum Bericht.«

Bearbeitungshinweise:
- Erarbeiten Sie aus dem Heimgesetz Inhalte, die bei einer Heimbegehung wichtig sein können.
- Interviewen Sie Ihre Heimaufsicht zu Prüfkriterien und Erfahrungen.
- Laden Sie Ihre Heimaufsicht in Ihren Unterricht ein.
- Erfragen Sie, welche Ausbildungen die Mitarbeiter in Heimaufsichtsbehörden haben.
- Erarbeiten Sie die Kriterien einer MDK-Prüfung.
- Nehmen Sie Kontakt zu Ihrem regionalen Medizinischen Dienst auf und fragen Sie nach Erfahrungen bei Prüfungen.
- Fragen Sie in Ihrer Einrichtung nach Erfahrungen mit MDK-Prüfungen und Heimaufsichtsbegehungen.
- Erfragen Sie, ob sie Einsicht in die Prüfberichte nehmen dürfen.
- Finden Sie heraus, welche Prüfinstrumente bzw. Fachaufsicht in der ambulanten Pflege vorgesehen sind, ebenso im Hospiz und im Krankenhaus.

Lernbereich 4: Altenpflege als Beruf

Lernfeld 4.1 Berufliches Selbstverständnis entwickeln

Prüfungsrelevantes Lernfeld! Mögliche Prüfungsfragen/-aufgaben

Geschichte der Pflegeberufe

Bearbeitungsschwerpunkte:
- Zeitepochen und herausragende Persönlichkeiten der Pflegeberufe

Projektidee »Berufskleidung der Pflegenden in unterschiedlichen Epochen«

Recherchieren Sie die Entwicklung und Geschichte der Pflegeberufe und arbeiten Sie das jeweilige Berufsverständnis und die jeweiligen Aufgabenfelder der Pflegenden in den Epochen heraus.
Erarbeiten Sie, wie die jeweilige Berufskleidung aussah.
Recherchieren Sie in der Literatur, welche herausragenden Persönlichkeiten in der Geschichte der Pflegeberufe bekannt sind.

Bearbeitungshinweise:
- Stellen Sie die Ergebnisse methodisch aufbereitet dar.
- Stellen Sie die Berufskleidungen als Kostüme her und treten Sie als herausragende Persönlichkeit der Pflege auf. Dies könnten Sie gut mit einem Tag der offenen Tür oder einer Feier, Fortbildungsveranstaltung oder Fachtagung verbinden, die Ihre Schule durchführt.
- Berichten Sie als jeweilige herausragende Persönlichkeit im Kostüm (z. B. als Florence Nightingale) über die geschichtliche Epoche, das Werk und die Verdienste der Person.

Lernfeld 4.1 Berufliches Selbstverständnis entwickeln

Berufsgesetze der Pflegeberufe

Bearbeitungsschwerpunkte:
- Berufsgesetze

Altenpflegeschülerin Sabine bereitet sich auf die Prüfung vor

Erarbeiten Sie folgende Fragen zur Prüfungsvorbereitung:
- Beschreiben Sie die Wurzeln der Altenpflege und die Entstehung/Entwicklung des Altenpflegeberufs.
- Schildern Sie die zurückliegenden Reformen der Altenpflegeausbildungen.
- Erklären Sie die rechtlichen Strukturen und Vertragsbedingungen des Altenpflegegesetzes.
- Benennen Sie alle prüfungsrelevanten Lernfelder.
- Trotz Bundesaltenpflegegesetz legen die Bundesländer die Ausbildungs- und Prüfungsordnung unterschiedlich aus. Vergleichen Sie die Auslegungen und diskutieren Sie Vor- und Nachteile.
- Beschreiben Sie, wo sich die Altenpflege von anderen Pflegeausbildungen abgrenzt.
- Benennen und erklären Sie das Modell der Handlungskompetenz, das als Ziel der Altenpflegeausbildung verstanden wird.
- Kennen Sie gesetzliche Vorgaben und Rahmenbedingungen in der Fort- Weiterbildung auf Bundes- und Länderebene?

Lernbereich 4: Altenpflege als Beruf

Lernfeld 4.1 Berufliches Selbstverständnis entwickeln

Professionalisierung der Altenpflege, Berufsbild und Arbeitsfelder

Bearbeitungsschwerpunkt:
- Berufsentwicklung Altenpflege

Altenpflegeschülerin Greta bereitet sich auf die Prüfung vor

Erarbeiten Sie folgende Fragen zur Prüfungsvorbereitung:
- Nennen Sie die typischen Arbeitsfelder der Altenpflege.
- Nennen Sie Ziele und Aufgaben der professionellen Altenpflege.
- Beschreiben Sie die Entwicklung und Professionalisierung der Altenpflege in Deutschland und im europäischen Vergleich.
- Bewerten Sie die Professionalisierung der Altenpflege anhand der demografischen Entwicklung in den Industriestaaten.
- Nennen Sie mögliche negative berufspolitische Tendenzen in der Professionalisierung der Altenpflege.
- Erklären Sie den Unterschied zwischen Fort- und Weiterbildung und nennen Sie entsprechende Beispiele für die Altenpflege.
- Welche Fort- und Weiterbildungen würden Sie in Ihrer berufspraktischen Einrichtung organisieren, wenn Sie dazu verpflichtet wären?
- Beschreiben Sie die Entwicklung der pflegerelevanten Studiengänge in Deutschland und weltweit und nennen Sie mögliche Studiengänge.
- Nehmen Sie Stellung: Welche Bedeutung und Auswirkungen hätte die Entwicklung der Altenpflegehilfeausbildung auf die Altenpflege?
- Nennen Sie die rechtlichen Grundlagen im SGB V, SGB IX, SGB XI und SGB XII, die für die stationäre und ambulante Pflege von Bedeutung sind. Beschreiben Sie Abgrenzungen und Gemeinsamkeiten zur Behindertenhilfe.

Lernfeld 4.1 Berufliches Selbstverständnis entwickeln

Berufsverbände und Organisationen der Altenpflege

Bearbeitungsschwerpunkte:
- Berufsverbände und Organisationen

Altenpflegeschüler Kai bereitet sich auf die Prüfung vor

Erarbeiten Sie folgende Fragen zur Prüfungsvorbereitung:
- Beschreiben Sie die Bedeutung der Berufsverbände.
- Nennen Sie Berufsverbände, die für die Altenpflege von Bedeutung sind.
- Nennen Sie Problemfelder, die in der Verbandsarbeit der Berufsverbände bekannt sind.
- Nehmen Sie Stellung: Welche Bedeutung hätte eine Pflegekammer, wenn es sie in Deutschland geben würde? Vergleichen Sie die Idee mit der Funktion der Industrie- und Handelskammer.
- Nennen Sie regionale und überregionale Organisationen, die für die Altenpflege von Bedeutung sind.
- Zukunftswerkstatt: Nennen Sie Organisationen, von denen Sie glauben, dass sie noch gegründet/entwickelt werden sollten, um die Altenpflege positiv zu fördern.
- Nennen Sie Fachzeitschriften, die sich mit der professionellen Weiterentwicklung der Altenpflege befassen.

Lernbereich 4: Altenpflege als Beruf

Lernfeld 4.1 Berufliches Selbstverständnis entwickeln

Teamarbeit und Zusammenarbeit mit anderen Berufsgruppen

> Bearbeitungsschwerpunkte:
> - Konflikt im Team und mit anderen Berufsgruppen
> - Krisen und schwierige Situationen/Lernfeld 4.3

Altenpflegeschüler Andreas ist hin und her gerissen

Altenpflegeschüler Andreas berichtet nach Dienstschluss seinem Freund: »Also, eigentlich macht mir die Ausbildung ja Spaß. Die Arbeit mit den alten Menschen ist einfach schön, aber die Zusammenarbeit mit einigen ist unmöglich. Das kann man kaum aushalten:

Der Krankengymnast kommt einmal in der Woche. Und wenn er kommt, sollen die Bewohner für ihn parat stehen. Uns belehrt er, als wäre er weisungsbefugt.

Wenn der Hausarzt kommt, gibt er uns keine Informationen. Alles muss man ihm aus der Nase ziehen. Um jede Bedarfsmedikation müssen wir betteln. Unmöglich, da kommt man sich blöd vor.

Aber am schlimmsten ist unser Küchenchef. Das ist der heimliche Heimleiter. Alles muss nach seiner Pfeife tanzen. Häufig schließt er die Küche schon vor den vereinbarten Öffnungszeiten. Da kann man noch nicht mal mehr eine Milch holen. Die Zusammenarbeit ist einfach schlecht.«

Bearbeitungshinweise:
- Erklären Sie, wie es zu solchen Konflikten kommen kann.
- Nennen Sie Konflikte mit Mitarbeitern im Team und mit anderen Berufsgruppen, die Sie selber erlebt haben.
- Nehmen Sie Stellung zur Aussage: »Die Pflege ist für alles verantwortlich, was sonst keiner macht«.
- Welche Lösungsstrategien schlagen Sie vor?
- Welche Konflikte sollten vom Team selber gelöst werden und wann ist leitendes Personal für Lösungsstrategien gefragt?
- Schildern Sie konkret, wie Sie sich als Schüler Andreas verhalten würden.
- Schildern Sie mögliche Folgen, die bei nicht bewältigten Konflikten im Team und mit anderen Berufsgruppen entstehen könnten. Schildern Sie mögliche Auswirkungen auf Bewohner.
- Benennen Sie konkrete Konfliktlösungsstrategien.

Lernfeld 4.1 Berufliches Selbstverständnis entwickeln

Ethische Herausforderungen der Altenpflege

Bearbeitungsschwerpunkte:
- Hilfe beim geplanten Suizid
- Krisen und schwierige Situationen/Lernfeld 4.3
- Infauste Diagnosen
- Isolation

Franziska Bommer möchte Selbstmord begehen

Sie arbeiten seit vier Wochen als Pflegekraft im ambulanten Dienst und übernehmen die Pflege von Franziska Bommer. Sie ist 72 Jahre alt und lebt allein und sehr isoliert in einem Mietshaus.

Franziska Bommer hat sich vertrauensvoll an Sie gewandt, da sie dringend unfassende Pflege benötigt. Sie war wegen eines inoperablen Gehirntumors mehrfach im Krankenhaus. Mittlerweile hat sie an den verschiedensten Or-

ganen Metastasen. Sie klagt über Atemwegserkrankungen, über schwerste Schmerzen bei Bewegungen und hat nach ihren Aussagen in den letzten zwei Monaten sehr abgenommen und ist appetitlos.
Aktuell müssen Sie die Körperpflege bei Franziska Bommer übernehmen und per Infusionstherapie werden über einen ZVK Infusionslösungen, und Schmerzmedikamente verabreicht, denn zunehmend klagt Franziska Bommer auch über starke, bohrende Kopfschmerzen. Bei der heutigen Pflege sagt sie zu Ihnen: »Ich kann und will nicht mehr. Ich werde elendig sterben. Können Sie mir was besorgen, was man mir spritzen kann, damit ich sterben kann, wann ich will? Ich würde es auch selber tun. Sie müssen mir nur was besorgen. Wenn Sie das nicht tun, mache ich es anders. Ich werde schon eine Lösung finden.«

Bearbeitungshinweise:
- Kennen Sie ähnliche Situationen aus der Praxis? Beschreiben Sie diese.
- Nehmen Sie Stellung zur rechtlichen Situation zum Thema Sterbehilfe in Deutschland.
- Schildern Sie verschiedene Sichtweisen von Menschen zu dieser Situation.
- Beschreiben Sie die pflege-ethischen Grundprinzipien der Altenpflege.
- Nehmen Sie Stellung: Welche Funktion haben Berufskodizes für Ihren Beruf?
- Erklären und differenzieren Sie, in welchem Konflikt Sie sich befinden, wenn Sie die im Fall beschriebene Pflegekraft wären.
- Beschreiben Sie, welche Unterstützung Sie in der konkreten Situation einfordern würden.
- Schildern Sie, wie Sie sich in der konkreten Situation verhalten würden. Begründen Sie Ihr Vorgehen.
- Welche konkreten pflegerischen und medizinischen Maßnahmen würden Franziska Bommer die Situation erleichtern?

Lernfeld 4.1 Berufliches Selbstverständnis entwickeln

Reflexion der beruflichen Rolle und des eigenen Handelns

Bearbeitungsschwerpunkte:
- Finden der beruflichen Identität
- Krisen und schwierige Situationen/Lernfeld 4.3

Altenpflegeschülerin Svenja verleugnet ihre Berufswahl

Svenja, 19 Jahre alt, hat vor vier Monaten mit der Altenpflegeausbildung begonnen. Die Ausbildung gefällt ihr sehr gut und auch in der Berufspraxis fühlt sie sich wohl. An den Wochenenden besucht sie mit Freunden häufig Diskotheken. Schon zweimal hat sie sich sehr geärgert, weil Jugendliche unschöne Kommentare von sich gegeben haben, nachdem sie erfahren haben, dass Svenja eine Altenpflegeausbildung macht. »Wie kann man nur immer den Dreck der Alten wegmachen wollen«, oder: »Das wäre ja das Letzte für mich«, waren noch harmlose Kommentare. Heute lernt Svenja beim Tanzen einen sympathischen jungen Mann kennen. Sie kommen ins Gespräch und nach einer Weile fragt er: »Und, was machst Du, wenn Du nicht tanzen gehst?« Um erneut einer peinlichen Situation zu entgehen, antwortet Svenja: »Ich studiere Sport.«

Bearbeitungshinweise:
- Schildern Sie, warum manche Menschen die Altenpflege abwertend beurteilen.
- Haben Sie bereits ähnliche Erfahrungen gemacht?
- Wie beurteilen Sie die Reaktion von Svenja?
- Suchen Sie Gründe, warum Svenja das abwertende Verhalten der anderen als peinlich empfindet und sich der eigenen Berufswahl nicht stellt.
- Nennen Sie Gründe/Motive für Ihre eigene Berufswahl.
- Wie beurteilen Sie den gesellschaftlichen Stellenwert der Altenpflege in Deutschland?
- Welche Maßnahmen könnten das Ansehen des Berufes Altenpflege fördern?

Lernbereich 4: Altenpflege als Beruf

Lernfeld 4.1 Berufliches Selbstverständnis entwickeln

> **Bearbeitungsschwerpunkte:**
> - Helfersyndrom
> - Mangelndes Reflexionsvermögen in der beruflichen Rolle
> - Krisen und schwierige Situationen/Lernfeld 4.3

Altenpflegerin Marion will Gutes tun

Marion stand schon immer im Schatten ihres Bruders. Der besuchte erfolgreich das Gymnasium und studierte anschließend Medizin. Marions Eltern waren mit ihren Leistungen nie so richtig zufrieden und zu Hause musste sie ständig im Haushalt helfen. »Unserer Marion liegen die praktischen Arbeiten mehr«, sagten ihre Eltern häufig. »Das Gymnasium hätte Marion nie geschafft, das haben wir erst gar nicht probiert.«

Die Ausbildung in der Altenpflege kam Marion gerade recht. Von den Heimbewohnern bekam sie das erste Mal Anerkennung und Zuspruch. »Ich möchte alten Menschen helfen, dann fühle ich mich gut. Für meine Bewohner würde ich einfach alles tun«, so sind ihre Aussagen seit Jahren.

Im Kollegium wird Marion häufig ausgenutzt. Ständig soll sie Dienste übernehmen, an denen keiner arbeiten will. Marion ist nicht in der Lage, ihre eigenen Bedürfnisse und Wünsche zu äußern.

> **Bearbeitungshinweise:**
> - Erklären Sie, was man unter einem Helfersyndrom versteht.
> - Welche Menschen sind besonders gefährdet, am Helfersyndrom zu erkranken?
> - Was haben das Helfersyndrom und das Burn-out-Syndrom miteinander zu tun?
> - Welche Methoden können bei der Auseinandersetzung mit der Berufswahl und der Reflexion des eigenen Handelns helfen?
> - Wie kann man sich vor den Folgen des Helfersyndroms schützen?
> - Welche Auswirkungen kann es auf ein Team und auf Bewohner haben, wenn Mitarbeiter am Helfersyndrom leiden?

Lernfeld 4.2 Lernen lernen

Lernen und Lerntechniken

> **Bearbeitungsschwerpunkt:**
> - Lernen lernen

Hülya und Viktoria organisieren ihr Lernen
Hülya und Viktoria beginnen die Ausbildung in der Altenpflege. Während der ersten Woche Unterricht tauschen sie sich aus.
Viktoria: »Also, das erschlägt mich alles. Ich habe gar keinen Überblick mehr. Ich weiß nicht, wo ich anfangen soll. Ich lerne nur noch das, was uns die Lehrer auftragen.«
Hülya: »Nein, das kannst Du nicht machen. Du musst Dich selber organisieren. Wir bekommen weder Hausaufgaben auf noch kannst Du Dich darauf verlassen, dass es ausreicht, nur den Hinweisen der Lehrer zu folgen. Wir müssen selbstständig lernen und dies lebenslang.«

> **Bearbeitungshinweise:**
> - Reflektieren Sie Ihr eigenes bisheriges Lernverhalten.
> - Arbeiten Sie die Stärken und Schwächen heraus, die Ihr Lernverhalten auszeichnen.
> - Stöbern Sie in der Fachliteratur zum Thema Lerntechniken.
> - Notieren Sie sich, welche Verhaltensänderungen Sie zukünftig beibehalten wollen, um effektiver lernen zu können. Platzieren Sie diese Notizen sichtbar an Ihrem privaten Arbeitsplatz.
> - Überprüfen und verändern Sie während Ihrer Ausbildung Ihre Notizen.
> - Richten Sie sich in Ihrer Wohnung einen angenehmen Arbeitsplatz ein, an dem Sie möglichst ungestört arbeiten und Materialien liegen lassen können.
> - Kaufen Sie sich Lernmaterialien, die Ihnen gefallen und die Sie mögen.
> - Überlegen Sie, welche Probleme auf Viktoria zukommen, wenn sie ihre Einstellung zum Lernen nicht ändern kann.

Lernbereich 4: Altenpflege als Beruf

Lernfeld 4.2   Lernen lernen

Lernen mit neuen Informations- und Kommunikationstechnologien

> Bearbeitungshinweis:
> - Informationen aus den Internet

Roman hat einen neuen PC

Roman ist begeistert. Seit einer Woche hat er einen neuen PC mit Internetzugang. Am liebsten würde er die ganze Nacht durch surfen. Er berichtet in der Schule seinen Mitschülern: »Es ist unglaublich, was im Netz alles zur Ausbildung der Altenpflege steht. Ich glaube, ich brauche gar keine Bücher und Zeitschriften mehr. Ich war auch schon im Chatroom. Dort habe ich mich mit anderen Altenpflegeschülern aus den verschiedensten Bundesländern unterhalten. Wir haben unsere Ausbildungen und auch unsere Lehrer verglichen und Ausarbeitungen kann man sich auch fertig herunterladen – unglaublich. So macht mir das Lernen Spaß.«

> Bearbeitungshinweise:
> - Schlagen Sie Ihren Lehrern vor, auch während der theoretischen Ausbildung im Internet nach Ausbildungsinhalten surfen zu können. Wenn Sie keine eigenen Geräte haben, suchen Sie nach Lösungen.
> - Tauschen Sie mit Ihren Mitschülern wichtige und interessante Internetadressen aus. Legen Sie hierzu ein Verzeichnis an.
> - Welche Vor- und Nachteile hat das Internet (Aktualität, Fachkompetenz etc.)?
> - Gehen Sie in Internetcafés, wenn Sie keinen eigenen Internetzugang haben.
> - Informieren Sie sich, welche Kosten ein Internetzugang verursacht.
> - Vergleichen Sie das Arbeiten in Fachbüchern und Fachzeitschriften und im Internet kritisch. Welche Medien bieten Vor- und Nachteile beim Lernen?
> - Erstellen Sie zunehmend Hausarbeiten am PC.

- Fragen Sie während Ihrer praktischen Einsätze in Einrichtungen nach Softwarelösungen, die die Dokumentation und Organisation erleichtern sollen.
- Laden Sie Firmen ein, die Ihnen Software für Pflegeeinrichtungen vorstellt.
- Vergleichen Sie die Vor- und Nachteile von PC-gestützter und handgeschriebener Pflegedokumentation.
- Erforschen Sie, ob es Angebote für Altenpflegeschulen und -schüler gibt, die das Lernen vereinfachen sollen.

Lernfeld 4.2   Lernen lernen

Arbeitsmethodik

Bearbeitungsschwerpunkt:
- Wie lernen?

Kai und Florina lernen Tipps und Tricks

Kai und Florina unterhalten sich:

Kai: »Arbeitsmethodik, was soll das nun wieder sein? Wir in der Schule hatten nur die verschiedenen Fächer und sonst nichts!

Florina: »Mensch, Kai, Du musst wissen, wie man lernt! Dann kannst Du Dir viel Zeit, Stress und Unlust ersparen. Du glaubst gar nicht, welche Tipps und Tricks es da gibt und außerdem: Wenn das Lernen Spaß macht, ist alles halb so schlimm.

Komm, wir schlagen unserer Lehrerin vor, einen Workshop zur Arbeitsmethodik zu machen. So etwas habe ich mal in einem Feriencamp mitgemacht, das war total gut.«

Lernbereich 4: Altenpflege als Beruf

Bearbeitungshinweise:
- Überprüfen Sie, welcher Lerntyp Sie sind.
- Erlernen Sie mit Unterstützung Ihrer Lehrer das Mind Mapping, das Brainstorming, konkrete Lesetechniken, Textbearbeitung und viele weitere Lerntechniken.
- Fordern Sie bestimmte Lerntechniken bei Ihren Lehrern ein, vor allem da, wo Ihnen das Lernen Probleme bereitet!
- Verschaffen Sie sich Freude am Lesen, indem Sie auch in Ihrer Freizeit in Fachbüchern und Fachzeitschriften stöbern.
- Überprüfen Sie während Ihrer Ausbildung häufiger, welche Faktoren Sie beim Lernen stören oder hindern.
- Erklären Sie, was man unter lebenslangem Lernen versteht.
- Erklären Sie den Unterschied zwischen Erfahrungswissen und wissenschaftlich fundiertem Wissen.
- Welche Unterschiede gibt es zwischen Diskutieren, Referieren, Argumentieren, Moderieren? Üben Sie die einzelnen Methoden.
- Versuchen Sie konsequent, Ihre Positionen in der theoretischen und praktischen Ausbildung mit fachlich fundierten Argumenten zu untermauern.
- Was verstehen Sie unter Methodenkompetenz?
- Überlegen Sie: Wie kann selbst organisiertes und selbst gesteuertes Lernen funktionieren?
- Befassen Sie sich mit Ihren Gefühlen beim Lernen. Stress, Angst und ein schlechtes Gefühl verhindern Lernerfolge! Reflektieren Sie was Ihnen Angst bereitet. Können Sie die Ursachen beeinflussen?
- Reflektieren Sie ebenso, wie Sie während Ihrer praktischen Einsätze lernen.
- Fordern Sie das Lernen können am praktischen Einsatzort ein!

Lernfeld 4.2 Lernen lernen

Zeitmanagement

> Bearbeitungsschwerpunkt:
> - Sich Zeit gönnen fürs Lernen

Heiner läuft die Zeit weg

Heiner hat das erste Ausbildungsjahr fast beendet. Zunehmend lassen seine Leistungen nach und sein Arbeitsverhalten bereitet ihm Stress und Unlust.
Er berichtet: »Zu Beginn der Ausbildung ging es ja noch. Da bin ich locker mitgekommen. Aber im Laufe des Jahres kam immer etwas dazwischen. Viele private Termine, meine neue Freundin und die Band. Immer wieder habe ich das Lernen aufgeschoben und nun sehe ich kein Land mehr. Ich weiß nicht, wie ich das alles aufholen soll.«

> Bearbeitungshinweise:
> - Erstellen Sie sich einen privaten Arbeitsplan. Berücksichtigen Sie alle privaten Termine, die Ihnen wichtig sind.
> - Planen Sie Lernzeiten, vor allem während Ihrer praktischen Einsätze!
> - Erstellen Sie zu Beginn der Ausbildung einen Zeitplan für die Woche, den Monat und die gesamte Ausbildungszeit. Legen Sie fest, wann Sie mit der Prüfungsvorbereitung beginnen möchten, auch wenn die Prüfung noch in weiter Ferne liegt.
> - Reflektieren Sie ehrlich, wann und warum Sie sich gern Zeit stehlen lassen.
> - Überlegen Sie: Was haben folgende Begriffe mit meinem Zeitmanagement zu tun: Telefon, Fernsehen, Freunde, Familie, Delegation, Selbstdisziplin, Nein sagen, Unordnung Termindruck, Mangel an Informationen, Faulheit, fehlende Zielsetzung.
> - Planen Sie mit Mitschülern und Freunden, wann Sie gemeinsam lernen können und möchten. Vereinbaren Sie konkrete Termine. Halten Sie diese Vereinbarungen konsequent ein. Vereinbaren Sie bei Verhinderung sofort neue Termine.

▶▶

Lernbereich 4: Altenpflege als Beruf

- Simulieren Sie in Ihrer Lerngruppe am Ende des ersten und zweiten Ausbildungsjahres die staatliche Prüfung und überprüfen Sie sich gegenseitig in den prüfungsrelevanten Lernfeldern.
- Welche konkreten Tipps geben Sie Heiner?

Lernfeld 4.3 Mit Krisen und schwierigen sozialen Situationen umgehen

Prüfungsrelevantes Lernfeld! Mögliche Prüfungsfragen/-aufgaben

Berufstypische Konflikte und Befindlichkeiten

Bearbeitungsschwerpunkte:
- Ekel erleben
- Gerüche und Erinnerung
- Berufliches Selbstverständnis/Lernfeld 4.1

Altenpflegeschülerin Friederike ekelt sich

Friederike ist Altenpflegeschülerin im ersten Ausbildungsjahr und zurzeit im berufspraktischen Einsatz in einem Pflegeheim. Heute wird überraschend Hilde Karst ins Heim aufgenommen. Der sozialpsychiatrische Dienst des Kreises hat die Heimeinweisung veranlasst. Hilde Karst wird durch einen Krankentransportdienst gebracht und ist in einem sehr verwahrlosten Zustand. Keiner der Mitarbeiter kann sich erklären, wie das in der heutigen Zeit noch möglich ist.

Hilde Karst ist nahezu immobil und wird mit Hilfe ins Bett gelegt. Friederike soll ihr beim Umziehen helfen und sie erschreckt sich furchtbar: Hilde Karst wurden beide Brüste amputiert. Für Friederike ist es das erste Mal, dass sie so etwas sieht. Hilde Karst spricht kein Wort.

Beim Ausziehen der verschmutzen und alten Unterwäsche sieht Friederike, dass sich Läuse in der Schambehaarung bewegen, ebenso in der dichten, krausen, grauen Kopfbehaarung. Friederike kämpft mit sich. Sie hat das Gefühl, sich übergeben zu müssen, aber sie reißt sich zusammen.

Zwei Jahre später:
Friederike hat Hilde Karst sechs Wochen, bis zu ihrem Tode, gepflegt. Zunehmend bekam sie ihre Ekelgefühle in den Griff, vor allem nachdem die Läuse dank einer Spezialbehandlung verschwunden waren.

Lernbereich 4: Altenpflege als Beruf

Friederike war hoch motiviert, der Bewohnerin eine gute Pflege zukommen zulassen. Bei der täglichen Wäsche benutzte Friederike immer eine ganz eine bestimmte Seife.
Wenn Friederike heute diese Seife sieht, egal ob im Drogeriemarkt, im privaten Umfeld oder im Pflegebereich, erinnert der Geruch sie an die erlebte Situation. Sie ekelt sich zwar nicht, sie hat ein gutes Gefühl in der Erinnerung an Hilde Karst, dennoch möchte sie diese Seife nie mehr benutzen.

Bearbeitungshinweise:
- Nehmen Sie kritisch Stellung: Darf man sich als Altenpflegekraft ekeln?
- Ekel wird in der Pflegepraxis häufig tabuisiert und verpönt. Nennen Sie hierfür mögliche Ursachen.
- Schildern Sie mögliche Reaktionen, die entstehen können, wenn Pflegekräfte eigene Gefühle nicht zulassen und ignorieren.
- Schildern Sie Situationen oder »Auslöser«, vor denen sich Altenpflegepersonal ekeln.
- An Gerüche kann man sich sehr gut erinnern. Welchen Stellenwert nehmen Gerüche zum Thema Ekel ein? Nennen Sie hierzu verschiedene Beispiele.
- Schildern Sie, wie Sie selber mit negativen Gefühlen und Ekelgefühlen, die während Pflegebeziehungen entstehen, umgehen.
- Mit Ablehnung, Angst und Ekel umgehen zu können und eigenen Gefühlen standzuhalten, erfordert eine hohe Kompetenz. Schildern Sie, wie diese Kompetenzen erlangt werden können.
- Nennen Sie Hilfe/Kompensationsmethoden, die bei der Verarbeitung und Akzeptanz von erlebten Ekelgefühlen eingesetzt werden können.
- Nennen Sie Hilfestellungen für Auszubildende zum Umgang mit Ekelgefühlen.
- Reflektieren Sie Ihre eigene Rolle.
- Wie kompensieren Sie Ekelgefühle?

Lernfeld 4.3 Mit Krisen und schwierigen sozialen Situationen umgehen

Bearbeitungsschwerpunkte:
- Beziehungen im Altenheim leben
- Berufliches Selbstverständnis/Lernfeld 4.1

Leo Pruss, Lydia Wessel und Werner Stuckenreif leben Beziehungen

Leo Pruss lebt seit acht Jahren im Altenheim. Er ist jetzt 78 Jahre alt, wohnte bis vor einem Jahr in der Wohnstation und musste dann wegen umfassender Pflegebedürftigkeit in die Pflegestation wechseln.

Von einer Prostataoperation vor eineinhalb Jahren hat er sich nicht mehr richtig erholt, der Befund damals war bösartig, und seit sechs Monaten trägt Leo Pruss ständig einen Blasendauerkatheter. Auch sonst bedarf er der Hilfe bei der Körperpflege. Das Gehen bereitet ihm zusehends Schwierigkeiten, meistens verbringt er seine Zeit in seinem Zimmer.

Leo Pruss ist seit fünf Jahren mit Lydia Wessel befreundet. Sie feierte dieses Jahr ihren 70. Geburtstag und erfreut sich bester Gesundheit. Sie bewohnt ihr Zimmer auf der Wohnstation, und bis vor einem Jahr war Leo Pruss ihr Zimmernachbar. Früher haben sie viel zusammen unternommen, man hatte den Eindruck, dass sie richtig verliebt waren, und sie sprachen sogar schon von Heirat. Diese Idee haben sie aber wieder fallen lassen – der Rente wegen.

Auch als Leo Pruss in die Pflegestation überwechseln musste, war Lydia Wessel ständig bei ihm. Sie half ihm, und er rechnete täglich mit der Hilfe seiner Freundin Lydia. Trotzdem herrschte Leo Pruss sie häufig an, beschimpfte sie, stellte Forderungen an sie und betonte immer häufiger, dass er ja auch nichts dafür könne, dass es mit ihm bergab geht.

Letzten Monat hat Werner Stuckenreif das Altenheim bezogen. Er ist ein gut aussehender Mittsiebziger, scheint aus guten Verhältnissen zu kommen, wenn man seine Kleidung sieht, und bewohnt ein Zimmer schräg gegenüber von Lydia Wessel.

Die war in den letzten vier Wochen nur noch selten bei Leo Pruss. Stattdessen ist sie jetzt häufig mit Werner Stuckenreif unterwegs. Man munkelt im Heim, dass die beiden sogar zusammen in Urlaub wollen. Lydia Wessel hat sich einer

Altenpflegerin anvertraut: »Das hat so richtig gefunkt bei uns. Der Werner ist ein toller Mann, und dass ich das noch erleben darf, auch sexuell, wissen Sie!« Leo Pruss scheint über diese Tatsache zu verzweifeln. Seine Stimmung wechselt zwischen Depression und Aggressivität. Heute Morgen sagt er zur Dienst habenden Altenpflegerin: »Dass Sie das zulassen! Ich bin hier wohl allen egal. Alle warten wohl auf meinen Tod. Bringen Sie mir Frau Wessel hierher, und sorgen Sie dafür, dass die sich um mich kümmert! Jahrelang war ich gut genug.«

> **Bearbeitungshinweise:**
> - Versuchen Sie, Leo Pruss' Gefühle nachzuempfinden.
> - Nehmen Sie Stellung. Wie würden Sie als Dienst habende Altenpflegerin auf die Aufforderung von Leo Pruss reagieren?
> - Sollte Pflegepersonal Stellung beziehen zu »privatem Verhalten« von Bewohnern?
> - Warum ist es so schwierig, sich klar abzugrenzen?
> - Wie könnten Sie Leo Pruss klar machen, dass Sie sich in einem Konflikt befinden?
> - Erleben Sie die Situation überhaupt als Konflikt?
> - Durch welche Mechanismen können Sie sich als professionell Tätige klar von den Befindlichkeiten der Bewohner abgrenzen?
> - Reflektieren Sie Ihre eigene Rolle und beziehen Sie Position.

Lernfeld 4.3 Mit Krisen und schwierigen sozialen Situationen umgehen

Bearbeitungsschwerpunkte:
- Konflikte im Speisesaal
- Berufliches Selbstverständnis/Lernfeld 4.1

Heide Ahlheim – »die Neue«

In einem Altenheim besuchen mittags 54 Personen gleichzeitig den Speisesaal. Die Tischgruppen stehen schon seit langem fest, da in den letzten vier Monaten keine neuen Bewohnerinnen dazu kamen. Lediglich in der Pflegestation sind vier neue Bewohnerinnen, aber die besuchen nicht den Speisesaal.
Die Mahlzeiten werden von den Bewohnerinnen mehr oder weniger lustlos und regelmäßig eingenommen, es gab lange keine außergewöhnlichen Zwischenfälle.
Seit einer Woche jedoch scheint es im Speisesaal Konflikte zu geben.
Vor sieben Tagen kam Heide Ahlheim, 75 Jahre, als neue Mitbewohnerin ins Heim. Sie ist sehr zurückhaltend, lebt in einem Einzelzimmer und wirkt auf den ersten Eindruck etwas eigenwillig. Ihre Kleidung unterstreicht sie mit großen bunten Schals, großen Tüchern und afrikanischem Schmuck. Sie hat früher die verschiedensten Länder besucht und sogar drei Jahre in Afrika gelebt. Das weiß im Heim aber bislang keiner. Heide Ahlheim bringt ihr eigenes Sitzkissen mit in den Speisesaal, und vor und nach den Speisen verfällt sie für Minuten in ein meditatives Gebet. Seit ihrem Einzug sitzt sie im Speisesaal als sechste mit an einem Sechsertisch. Dort war noch ein Platz frei.
Seit vier Tagen fällt auf, dass am besagten Tisch kaum noch gesprochen wird. Die Tischgruppe, die sich sonst schon immer 20 Minuten vor dem Essensbeginn im Speisesaal traf, kommt nur noch kurz vorher zu Tisch und verschwindet nachher sofort wieder. Andere Tischnachbarn haben die letzten Male ihre Tische etwas weiter vom Besagten weggerückt. Gestern haben Mitbewohner das Gedeck von Heide Ahlheim vor der Mahlzeit einfach weggeräumt, und keiner wusste, wer es getan hat.
Heute Nachmittag kommen die fünf Tischnachbarinnen von Heide Ahlheim aufgebracht und mit hochrotem Kopf zur leitenden Altenpflegerin: Es bricht nur so aus ihnen heraus: »Die Neue bei uns am Tisch, die ist ja total bekloppt.

Kein Wort redet die mit uns. Und stinken tut die, und erst mal ihr Sitzkissen, das kann kein Mensch aushalten! Wir bringen ja auch nicht unser Bett mit in den Speisesaal. Entweder die Neue kommt weg oder wir wollen in unseren Zimmern essen. Die anderen im Speisesaal, die lachen uns ja schon aus, die machen sich lustig über uns, dass wir mit der Bekloppten zusammensitzen müssen. Da kann einem ja der Appetit vergehen, und dann werden wir noch alle krank, und das wollen sie doch nicht, oder?«

Bearbeitungshinweise:
- Versuchen Sie zu klären, wie es überhaupt zu dieser Situation kommen konnte.
- Finden Sie mögliche Ursachen, warum die Heimbewohner sich so verhalten.
- Wie würden Sie sich als verantwortliche Pflegekraft verhalten?
- Begründen Sie Ihr Verhalten.
- Wie würden Sie diesen Konflikt klären?
- Wer sollte diesen Konflikt klären?

Lernfeld 4.3 Mit Krisen und schwierigen sozialen Situationen umgehen

Spannungen in der Pflegebeziehung

> **Bearbeitungsschwerpunkte:**
> - Spannungen und Konflikte im Team
> - Berufliches Selbstverständnis/Lernfeld 4.1

Altenpflegeschülerin Franca ist entsetzt

Franca ist Schülerin der Altenpflege im dritten Ausbildungsjahr. In ihrem Ausbildungsbetrieb sind weitere Auszubildende, auch aus anderen Altenpflegeschulen. Franca fühlt sich schon seit mehreren Monaten im Betrieb unwohl. Sie kann nicht konkret erklären wieso, aber die Kollegen und Vorgesetzten geben ihr nur kurze Antworten und sie hat den Eindruck, »links liegen gelassen« zu werden. Heute hört sie vom Flur aus ungewollt, wie sich im Dienstzimmer drei Pflegefachkräfte unterhalten: »Also, die Altenpflegeschule der Franca, das ist doch der letzte Laden. Die Lehrer sind überheblich und nicht auf dem aktuellen Stand. Alle Schüler, die von dort kommen, können nix. Kein Niveau! Und wie die Schüler auch aussehen, dick und ungepflegt. Auch die Franca wird nach dem Examen bestimmt nicht übernommen, das ist sowieso schon klar.«
Franca ist entsetzt. Ihr wird heiß und kalt. Angst steigt in ihr auf. Sie denkt: »Was soll ich nur tun? Am liebsten will ich hier weg.«

> **Bearbeitungshinweise:**
> - Nennen Sie Situationen, die Sie im Alltag als spannungsreich erlebt haben.
> - Aus welchen Erlebnissen entstanden negative und belastende Emotionen?
> - Erklären Sie, wie Gefühle Ihr Verhalten beeinflussen können.
> - Beschreiben Sie Bewältigungsstrategien zu konkreten und belastenden Situationen des Pflegealltags.
> - Erklären Sie, wieso es in einer Konfliktsituation zu Fluchtgedanken kommt.

- Nennen Sie Grundsätze der Konfliktlösung.
- Beschreiben Sie eine konkrete Verhaltensstrategie für die o. g. Situation.
- Schildern Sie mögliche Folgen aus dem beschriebenen Fall.
- Nennen Sie Teamregeln.
- Beschreiben Sie, welche funktionierenden Strategien gute Teamarbeit ausmachen.

Lernfeld 4.3 Mit Krisen und schwierigen sozialen Situationen umgehen

Gewalt in der Pflege

Bearbeitungsschwerpunkte:
- Gewalttätige Übergriffe durch Pflegepersonen
- Berufliches Selbstverständnis/Lernfeld 4.1

Karl Holterbach wird misshandelt

Sie arbeiten als Altenpflegeschüler/in auf einer gerontopsychiatrischen Station in einem Altenheim. Heute Nachmittag erleben Sie folgende Situation:
Sie sehen, wie einer Ihrer Vorgesetzten, ein examinierter Altenpfleger, mit einem Bewohner, Karl Holterbach, zur Toilette geht. Es ist bekannt, dass der Bewohner schwerstdement und im Umgang schwierig ist. Ihr Vorgesetzter schiebt Karl Holterbach vor sich her, aber der weigert sich, durch die Tür zu gehen. Ihr Vorgesetzter dreht sich um, stellt fest, dass er nicht beobachtet wird und schubst den Bewohner in den Toilettenraum: »Nun mach schon, Du Depp. Du regst mich vielleicht auf. Ich kann auch anders!«
Karl Holterbach stürzt zu Boden. Ihr Vorgesetzter zerrt ihn hoch, verfrachtet ihn auf die Toilette und verlässt den Raum ohne ein weiteres Wort.

Bearbeitungshinweise:
- Diskutieren Sie im Plenum, wie es zu diesem Übergriff kommen konnte.
- Diskutieren Sie: Welche Präsenz hat die Thematik im Pflegealltag?
- Erarbeiten Sie in Kleingruppen: Welche Positionen könnten/würden Pflegende im beruflichen Alltag in einer solchen Situation einnehmen?
- Nehmen Sie Stellung: Was bedeutet Gewalt für Sie?
- Nennen Sie Beispiele zu folgenden Gewaltformen:
  - physische/körperliche Gewalt
  - psychische/emotionale Gewalt
  - finanzielle Gewalt
  - passive und aktive Vernachlässigung
  - strukturelle Gewalt
  - Einschränkung der freien Willensäußerung
  Nennen Sie Ursachen wie es zu gewalttätigen Übergriffen von Pflegepersonal auf zu Pflegende kommt.
- Nehmen Sie Stellung: Erleben sich Pflegende als Täter und/oder Opfer?
- Nehmen Sie Stellung: Wie soll sich die Altenpflegeschülerin verhalten?
- Nennen Sie Strategien zur Vermeidung solcher Übergriffe.
- Nennen Sie Möglichkeiten zur Reflexion des eigenen Handelns.

Lernfeld 4.3 Mit Krisen und schwierigen sozialen Situationen umgehen

Bearbeitungsschwerpunkte:
- Gewalttätige Übergriffe durch Angehörige
- Berufliches Selbstverständnis/Lernfeld 4.1

Johanna Dannewitz ist hilflos und Monika ist entsetzt

Monika ist als Altenpflegeschülerin im zweiten Ausbildungsjahr in der ambulanten Pflegeeingesetzt. Nach einem Besuch bei Frau Dannewitz verlässt Monika gemeinsam mit der ausbildenden Altenpflegerin das Haus. Frau Danne-

Lernbereich 4: Altenpflege als Beruf

witz lebt im Hause ihrer Tochter Johanna, ist schwerstpflegebedürftig und wird täglich vom ambulanten Dienst und von der Schwiegertochter versorgt.

Alles scheint in Ordnung. Beim Starten des Wagens sagt Monika: »Oh, ich habe meine Armbanduhr liegen lassen. Moment, ich hole sie schnell.« Da Monika weiß, dass die Schwiegertochter noch mit Frau Dannewitz beschäftigt ist, läuft sie durch die offen stehende Terrassentür ins Haus.

Unten im Flur hört sie die Schwiegertochter aus dem Zimmer von Frau Dannewitz schreien: »Ich mach das nicht mehr länger mit. Du raubst mir mein ganzes Leben. Ich kratz noch vor dir ab. Dein Gesabber und Gescheiße halt ich nicht mehr aus. Du widerst mich an.«

Monika ist entsetzt und verlässt so schnell wie möglich das Haus.

Bearbeitungshinweise:
- Tauschen Sie sich in Kleingruppen darüber aus, welche möglichen Ursachen es für das Verhalten der Schwiegertochter gibt.
- Erarbeiten Sie Lösungsvorschläge, mit denen Frau Dannewitz geschützt wird.
- Erarbeiten Sie, welche Formen von Gewalt es gibt.
- Klären Sie, welche Mechanismen zu Gewalttätigkeit führen.
- Erarbeiten Sie Strategien zur Gewaltvermeidung.
- Reflektieren Sie Ihre eigene Toleranzgrenze. Wann werden Sie gewaltbereit?
- Angehörige sind häufig mit der Übernahme der Pflege ihrer Familienmitglieder überfordert. Nennen Sie Gründe, warum sie die Pflege dennoch übernehmen.
- Nennen Sie Entlastungsstrategien für pflegende Angehörige.
- Schildern Sie konkret, wie sich Monika verhalten soll.

Lernfeld 4.3 Mit Krisen und schwierigen sozialen Situationen umgehen

Bearbeitungsschwerpunkte:
- Gewalttätige Übergriffe gegen das Personal
- Berufliches Selbstverständnis/Lernfeld 4.1

Kerstin fühlt sich als Opfer

Kerstin ist als Altenpflegeschülerin während ihres ersten berufspraktischen Einsatzes in einem Wohnheim für psychisch Kranke eingesetzt. In diesem Wohnheim leben Menschen, die schon viele Jahre ihres Lebens in Psychiatrien verbracht haben.

Kerstin ist noch voller Enthusiasmus und freut sich auf den ersten praktischen Einsatz.

Nun sind die ersten Stunden vergangen und Kerstin hat bereits sieben Bewohner kennen gelernt. Sie betritt das Zimmer von Herrn Janowitz. Der steht vor seinem Kleiderschrank und schaut hinein. Kerstin tritt an ihn heran und sagt: »Hallo, ich bin die Kerstin, die neue Altenpflegeschülerin.«

Blitzartig dreht sich Herr Janowitz herum und versetzt Kerstin einen Kinnhaken. Kerstin stürzt zu Boden, die Kollegin eilt herbei. Sie sagt: »Ach du je, den Janowitz darf man doch nicht von hinten ansprechen, sonst wird er wild, aber das wusstest Du wohl noch nicht.«

Bearbeitungshinweise:
- Schildern Sie, welche Gefühle Kerstin wohl durch den Kopf gehen.
- Welche schweren Fehler wurden im Team begangen, dass es zu diesem Vorfall überhaupt kommen konnte?
- Wie hätte diese Gewalt verhindert werden können?
- Beschreiben Sie die Bedeutung der Teamarbeit in der Pflegepraxis.
- Mit welchen ethischen Herausforderungen sollte sich eine professionelle Altenpflegekraft auseinander setzen, damit sie ein gesundes berufliches Selbstverständnis entwickeln kann?

Lernbereich 4: Altenpflege als Beruf

- Welche konkreten Hilfen könnte Kerstin nach diesem Vorfall gebrauchen? Begründen Sie Ihre Vorschläge und ihre Meinung. Nennen Sie Bewältigungsstrategien.
- Nennen Sie Situationen, die Sie im praktischen Alltag als gewalttätig oder konfliktträchtig erlebt haben.
- Beschreiben Sie, wie Sie mit einem solchen Konflikt umgehen würden.

Lernfeld 4.4 Die eigene Gesundheit erhalten und fördern

Persönliche Gesundheitsförderung

Bearbeitungsschwerpunkt:
- Arbeitsbelastungen erkennen und Folgen vermeiden

Projektidee »Gesundheitsfördernde Maßnahmen«
Ihre Lehrerin konfrontiert Sie mit einer Idee:
Während des nächsten Theorieblocks Ihrer Altenpflegeausbildung sollen Sie vier Wochen hintereinander an je einem Tag ausschließlich gesundheitsförderndes Verhalten kennen lernen und durchführen. Zuerst sollen Sie die theoretischen Grundlagen erarbeiten und dann die vier Tage planen.

Bearbeitungshinweise:
- Erarbeiten Sie arbeitsbelastende physische und psychosoziale Faktoren und mögliche Folgen.
- Interviewen Sie die Kollegen aus der Berufspraxis zu belastenden Faktoren.
- Erarbeiten Sie Methoden zur Bewältigung.
- Planen Sie die vier Tage gemeinsam mit Ihren Mitschülern.
- Reflektieren Sie Ihre eigenen Lebensgewohnheiten und protokollieren Sie täglich Ihre gesundheitsschädlichen und -fördernden Verhaltensweisen und Maßnahmen.

Lernfeld 4.4   Die eigene Gesundheit erhalten und fördern

Arbeitsschutz

Bearbeitungsschwerpunkt:
- Arbeitsschutzmaßnahmen in der Berufspraxis kennen

Projektidee »Arbeitschutz«

Bilden Sie Gruppen und interviewen Sie die folgenden Personengruppen zum Thema Arbeitsschutz:
- Heimleitung
- Leitung eines ambulanten Pflegedienstes
- Hygienebeauftragte
- Mitarbeiter der Berufsgenossenschaft
- Mitarbeiter des Robert-Koch-Instituts
- Mitarbeiter des Gesundheitsamts
- Mitglieder der Feuerwehr

Bearbeitungshinweise:
- Erarbeiten Sie vorher einen Fragebogen.
- Tragen Sie alle Ergebnisse zusammen und stellen Sie die aufbereiteten Ergebnisse allen Mitschülern zur Verfügung.

Lernfeld 4.4 Die eigene Gesundheit erhalten und fördern

Stressprävention und -bewältigung

Bearbeitungsschwerpunkte:
- Burn-out-Syndrom
- Stressprävention und -bewältigung

Altenpflegerin Karla brennt aus

Karla ist seit fünf Jahren examinierte Altenpflegerin und geht in ihrem Beruf auf. Ihre privaten Interessen und Hobbys sind für sie sekundär, wenn es um die Belange ihres Arbeitsplatzes geht.

Wegen ihres starken Engagements hat man ihr schnell die Rolle der verantwortlichen Wohnbereichsleitung übertragen. Dies hat sie sehr gefreut, denn während ihrer Kindheit und Schulzeit hat sie nur wenig Anerkennung und Lob erhalten. Hier im Heim erlebt sie das anders. Hier hört man auf sie.

Für Kollegen, die sich nicht sofort bereit erklären, einen Dienst zu tauschen oder bei personellen Engpässen einzuspringen, hat Karla nur wenig Verständnis. Meistens reagiert sie darauf, indem sie selber den Dienst übernimmt.

Zunehmend jedoch fühlt Karla sich unzufrieden. Sie leidet an Erschöpfung und möchte nur noch eines: schlafen. Nachts allerdings wird sie ständig wach und fühlt sich gestresst. Sie verliert die Lust an der Arbeit und empfindet ihre Arbeit als unerträgliche Last.

Karla weiß keinen Ausweg. Der behandelnde Hausarzt hat sie wegen eines Burn-out-Syndroms 14 Tage arbeitsunfähig geschrieben. Danach fühlt sich Karla jedoch noch nicht besser.

Bearbeitungshinweise:
- Erklären Sie, was man unter einem Burn-out-Syndrom versteht.
- Erklären Sie, was das Burn-out-Syndrom mit dem Helfersyndrom zu tun hat.
- Nennen Sie Symptome eines Burn-out-Syndroms.
- Beschreiben Sie den Verlauf des Burn-out-Syndroms.
- Welche Personen sind besonders gefährdet?

- Nennen Sie Strategien, wie Sie sich davor schützen können.
- Welche Maßnahmen könnten Karla wieder zur Gesundheit und zu einer distanzierteren Haltung verhelfen?
- Wie erleben Sie selber Stress?
- Was erleben Sie als positiven Stress?
- Nehmen Sie Stellung: Ist Stress eine Krankheit?
- Nennen Sie physiologische und psychologische Stressabbauwirkungen des Lachens.
- Nennen Sie weitere stressabbauende Methoden und üben Sie diese praktisch ein.

Lernfeld 4.4 Die eigene Gesundheit erhalten und fördern

Kollegiale Beratung und Supervision

Bearbeitungsschwerpunkte:
- Überforderung im Beruf
- Kompensation und Entlastung

Altenpflegerin Marianne ist überfordert

Lothar Linscheider ist 78 Jahre alt und Bewohner der Pflegestation des Altenheimes seit zwei Jahren. Vorher wohnte er bereits acht Jahre im Wohnbereich. Lothar Linscheider wird zusehends schwächer. Sein Allgemeinzustand reduzierte sich in den letzten zwei Jahren drastisch. Er leidet an einer Hirnarteriosklerose, seine Sprache ist verarmt, er ist zumeist unaufmerksam und unkonzentriert. In seinen seltenen Äußerungen beschuldigt er oft andere, wobei er häufiger sagt, dass er bestohlen würde. Zusehends hat er sein Äußeres vernachlässigt, und er wurde in der Körperpflege immer abhängiger. Seine Bewegungen sind derart verarmt, dass er nur noch zu den Mahlzeiten sein Bett verlassen kann.

Seit zwei Monaten gelingt es ihm nur selten, noch rechtzeitig für seine Urinausscheidung zu klingeln. Jedoch hat das Pflegepersonal bislang bewusst keinen Blasendauerkatheter gelegt. Seit ungefähr vier Wochen meldet er sich auch für seine Stuhlausscheidungen auch nicht mehr. Es hat den Anschein, als würden ihn seine eigenen Ausscheidungen zusehends interessieren. Zunehmend beschäftigt er sich mit seinen Exkrementen.

Heute Morgen bei der Körperpflege ist die Bettwäsche stark mit Stuhl beschmiert. Lothar Linscheiders Hände, vor allen Dingen die Fingernägel, sind mit angetrocknetem Stuhl verkrustet, und bei der Mundpflege bemerkt Marianne, die Altenpflegerin, Stuhlreste auf der Zahnprothese.

Marianne betreut Lothar Linscheider seit acht Wochen im Gruppenpflegesystem. Doch heute hat sie ihre Gefühle nicht mehr unter Kontrolle. »Das ist ja ekelhaft. So eine Sauerei. Ich kann das nicht mehr ertragen«, ruft sie. Erst später, in einem Gespräch mit ihrer Kollegin Hanne, kann sie sich beruhigen und die Situation aufarbeiten.

»Ich komme damit nicht mehr zurecht«, klagt Marianne und Hanne rät: »Ich helfe Dir gern, aber ich glaube, Du brauchst einen richtigen Coach, einen Supervisor.«

Bearbeitungshinweise:
- Was versteht man unter Supervision?
- Nennen Sie Kennzeichen und Regeln professioneller Supervision.
- Welche Entlastungen und Vorteile kann Supervision mit sich bringen?
- Erarbeiten Sie die Struktur eines professionellen Beratungsgesprächs.
- Was verstehen Sie unter kollegialer Beratung?
- Wer kann kollegial beraten?
- Üben Sie im Rollenspiel gegenseitige kollegiale Beratung.

Literatur

Ambrosy, H.; Löser, A.: Entscheidungen am Lebensende. Sterbehilfe und Patientenverfügungen. Brigitte Kunz, Hannover 2006.

Ammermann, L.; Harder, J.: Die Praxis der Mitarbeiterführung. Vincentz, Hannover 2005.

Bäßler, U. u. a.: In guten Händen. Altenpflege. Arbeitsbuch 1. Cornelsen, Berlin 2005.

Bäßler, U. u. a.: In guten Händen. Altenpflege. Arbeitsbuch 2. Cornelsen, Berlin 2005.

Bertelsmann Stiftung/Kuratorium Deutsche Altershilfe Hrsg.: Leben und Wohnen im Alter. Band 1. Neue Wohnkonzepte für das Alter und praktische Erfahrungen bei der Umsetzung. Köln 2003.

Brandenburg, H.; Huneke, M.: Professionelle Pflege alter Menschen. Kohlhammer, Stuttgart 2006.

Bremer-Roth, F. u. a.: In guten Händen Altenpflege, Band 1. Cornelsen, Berlin 2005.

Dietze, G.; Steiner, O.: In guten Händen Altenpflege, Eine lernfeldorientierte Prüfungsvorbereitung. Arbeitsbuch. Cornelsen, Berlin 2005.

Dunkhorst, H.: Gestaltung und Beschäftigung. Vincentz, Hannover 2006.

Dörpinghaus, S.: Überleitungspflege und Casemanagement, Schlütersche, Hannover 2004.

Ehmann, M.: Pflegevisite in der ambulanten und stationären Altenpflege, Elsevier, München 2005.

Gittler-Hebestreit, N.: Pflegeberatung im Entlassungsmanagement. Grundlagen, Inhalte. Brigitte Kunz, Hannover 2006.

Glück, T.; Trautmann, M.: Infektionserkrankungen von A–Z. Wissenschaftliche, Stuttgart 2006.

Grond, E.: Pflege Demenzkranker. Brigitte Kunz, Hannover 2005.

Hoffmann-Gabel, B.: Gibt es schwierige Menschen? Vincentz, Hannover 2006.

Jasper, B.: Gerontologie. Vincentz, Hannover 2002.

Kasten, E.: Den Alltag demenzkranker Menschen neu gestalten. Schlütersche, Hannover 2004.

Kreimer, R.: Altenpflege: menschlich, modern kreativ. Schlütersche, Hannover 2005.

König, J.: Was die PDL wissen muss. Schlütersche, Hannover 2003

König, J.: 100 Fehler bei der MDK-Prüfung und was Sie dagegen tun können. Brigitte Kunz, Hannover 2005.

Köther, I. (Hrsg.): Altenpflege. Thieme, Stuttgart 2005.

Kriesten, U.: Altenpflegeexamen. Band 5. Brigitte Kunz, Hannover 2005.

Literatur

Kriesten, U.; Wolf, H.-P.: 50 Unterrichtsideen – Altenpflege, Brigitte Kunz, Hannover 2004.

Kriesten, U.; Wolf, H.-P.: 100 Unterrichtsideen – Krankenpflege, Brigitte Kunz Hannover 2003.

Kriesten, U.; Wolf, H.-P.: Pflegeplanung in der Altenpflege. Brigitte Kunz, Hannover 2003.

Lauber, A.; Schmalstieg, P. (Hrsg.): Wahrnehmen und Beobachten. Thieme, Stuttgart 2001.

Loffing, C.; Geise, S.: Management und Betriebswirtschaft in der ambulanten und stationären Altenpflege. Huber, Bern 2005.

Löser, A.: Wenn Krebspatienten Fragen stellen, Schlütersche, Hannover 2002.

MDK: Grundsatzstellungnahme »Ernährung und Flüssigkeitsversorgung älterer Menschen«. Abschlussbericht Projektgruppe P 39, 2003.

Messer, B.: 100 Tipps für die Validation. Brigitte Kunz, Hannover 2005.

Müller H.: Arbeitsorganisation in der Altenpflege. Schlütersche, Hannover 2005

Müller, H.: 100 Fehler bei der Arbeitsorganisation und was Sie dagegen tun können. Brigitte Kunz, Hannover 2006.

Neulist, A.; Moll, W.: Die Jugend alter Mensche. Gesprächsanregungen für die Altenpflege, Elsevier, München 2005.

Otterstedt, C.: Der verbale Dialog. modernes Lernen, Dortmund, 2005.

Richter, R.: Der Heimvertrag und neue Wohnformen. Vincentz, Hannover 2006.

Richter, R.: Behandlungspflege. Vincentz, Hannover 2004.

Seel, M.; Hurling, E.: Die Pflege des Menschen im Alter. Ressourcenorientierte Unterstützung nach AEDL. Brigitte Kunz, Hannover 2005.

Schirrmacher, F.: Das Methusalem-Komplott. Blessing, München 2006.

Schirrmacher, F.: Minimum. Blessing, München 2006.

Stanjek, K. (Hrsg.): Sozialwissenschaften, 3. Auflage. Elsevier, München 2005.

Staschull, S.: Altenpflege konkret. Gesundheits- und Krankheitslehre. Elsevier, München 2003.

Weigert, J.: 100 Fehler bei der Umsetzung der Hygiene in Pflegeeinrichtungen und was Sie dagegen tun können. Brigitte Kunz, Hannover 2005.

Wendt, R.: Case Management im Sozial- und Gesundheitswesen. Lambertus, Freiburg 2001.

Wingchen, J.: Kommunikation und Gesprächsführung. Schlütersche, Hannover 2006.

Heimgesetz und zugehörige Verordnungen. Vincentz, Hannover, 2005.

Internetadressen

www.aaa-deutschland.de
www.abvp.de
www.altenpflege-lernfelder.de
www.altenpflegeschueler.de
www.altern-in-wuerde.de
www.alz.co.uk
www.alz-eth.de
www.alzheimer.de

www.bagso.de
www.bildungsserver.de
www.bmfsfj.de
www.bosch-stiftung.de
www.bpa.de
www.bgw-online.de
www.buko-qs.de

www.dbva.de
www.dge.de
www.deutscher-altenhilfepreis.de
www.deutsche-alzheimer.de
www.dggeriatrie.de
www.dggg.de
www.dshs-koeln.de
www.dnqp.de
www.dvlab.de
www.dza.de

www.ev-heimstiftung.de

www.fogera.de

www.gesetzeskunde.de
www.geroweb.de

Internetadressen

www.heilberufe-online.de
www.hospize.de
www.hospiz-und-palliativmedizin.de

www.isg-institut.de
www.iqb-info.de

www.kda.de
www.kritische-gerontologie.de

www.lebensweltheim.at
www.lfknrw.de

www.mabuse-verlag.de
www.medizinfo.de/geriatrie
www.mds-ev.de
www.mensch-heimtier.de
www.menschen-pflegen.de

www.nursingwiki.de

www.pflegestudium.de
www.pflegewiki.de

www.schluetersche.de
www.socionet.de
www.sgg-sgg.ch
www.sozial.de

www.urlaub-und-pflege.de

www.vdab.de
www.vincentz.net

www.wir-fuer-uns.net

www.zbmed.de

Register

Absauggerät 96
Adipositas 47, 86
AEDL-Modell 21
AIDS 70
Akinese 52
Alkoholabhängigkeit 94
Alkoholabusus 86
Alkoholismus 93
Altenpflegeausbildung 185, 195
Altentagesstätte 166
Alter 17
–, -(s)schwerhörigkeit 44
–, -(s)theorie 18
Alzheimersche Erkrankung 87
Anamnese 31
Angina pectoris 123
Angst 56
Anus praeter 57, 60
Anus praeter naturalis 63
Aphasie 38, 40
Arbeitsmethodik 205
Arbeitsplan 207
Arbeitsrecht 185
Arbeitsschutz 222
Aspekt, sozialpflegerischer 51
Aspirationsgefahr 95
Assessment 31
–, -Instrumente 31
–, -Verfahren 30 f.
Atemnot 48, 56, 79
Atemstillstand 103
Aufklärungspflicht 128
Auge 46

Ausbildungsplatz 186
Ausbildungsrecht 185
Ausbildungsvertrag 186
Ausscheidung 49
Ausweglosigkeit 84
AVK 66

Barthel-Index 31
Bauform 143
Bedrohung, existenzielle 70
Behinderung 17, 47
Beobachtung 28
–, -(s)prozess 29
Beratungsaspekt 64
Beratungsgespräch 37, 54
Beratungsgespräch nach
 Unterschenkelamputation 114
Beratungsinhalt 49
Berufsbiografie 26
Berufsentwicklung 196
Berufsgesetz 195
Berufskleidung 194
Berufsverband 197
Berufsverständnis 194
Berufswahl 201
Beschäftigung 176
–, -(s)angebot 161
Betreuungsgesetz 184
Bettlägerigkeit 95
Bewegung 163
–, -(s)mangel 82
Beziehungsbiografie 26
Bildungsangebot 161

Register

Bildungsbiografie 26
Biografiearbeit 25
Biografieorientierung 31
Blasendauerkatheter 70
Blasenverweilkatheter 48
Blindheit 148
Blutdruck 53
Bobath-Konzept 40
Brauch, religiöser 139
Bronchialkarzinom 99
Burn-out-Syndrom 223
Bz-Kontrolle 103

Casemanagement 106, 109

Datenerfassung, objektive 31
Datenerfassung, subjektive 31
Dehydrierung 94
Dekubital-Ulzera 81
Dekubitus 62
–, -prophylaxe 63
Delirium 93
Demenz 103
Demenzielle Erkrankung 90
Demografie 134
Deprivationssyndrom 91
Diabetes mellitus Typ II 53
Diagnose, infauste 57, 199
Diebstahl 182
Dienst 173
Diurese 48, 49
Durchblutungsstörung 54
Dyspnoe 65

EDV 34
Einrichtung 173
Einverständniserklärung 127

Ekel 209
Empathie 115
Engagement, freiwilliges 164
Entwicklung, demografische 134
Ernährung 49
–, enterale 94
–, -(s)fehler 153
–, -(s)zustand 81
Erste Hilfe 103
Erstgespräch 31
Erstickungsangst 49
Ethik 27
–, -kommission 27
Evaluation 32
Expertenstandard 189
Exsikkose 80, 99

Fach 35
–, -aufsicht 192
–, -gebiet 35
–, -pflege, gerontopsychiatrische 89
Familie 144
–, -(n)beziehung 144 f.
Faszialisparese 40
Fest 163
Fieber 56, 79
Finanzierung 171
Fixierung 126
–, -(s)protokoll 127
Flüssigkeitsdefizit 54
Flüssigkeitssubstitution 55, 98
Flüssigkeitsüberschuss 53
FOGERA 168
Forcierte Diurese 53

Gastrostomie 98
Gedächtnistraining 90

231

Register

Gefäßveränderung 67
Gehirntumor 138
Gelenkschmerz 82
Gerontologie 133
Gesprächsführung 113
Gesundheit 17
–, -(s)förderung 22, 221
Gewalt 216
–, -tätigkeit 218
Gewissen 27
Glaube, katholischer 51
Glaubensfrage 138
Grauer Star 45

Handlungskompetenz 195
Harnwegsinfekt 80
Haushaltsführung 150
Heimaufnahme 156
Heimaufsichtsbehörde 193
Heimbegehung 193
Heimpersonalverordnung 187
Heimunterbringungskosten 182
Helfersyndrom 202
Hemiparese 40
Hemiplegie 38
Herausforderung, ethische 199
Herzinsuffizienz 49 f.
–, chronische 48
–, -symptom 53
Herzrhythmusstörung 123
Herzstillstand 103
Hilfsmittel 43
HIV 70
–, -Test 71
Hoffnungslosigkeit 84
Hörgerät 43, 44

Hospitalismus 92
–, -zeichen 92
Hospiz 109
Hüftoperation 130
Hypertonus 62
Hypoglykämie 60
Hypokinese 52

Identität, kulturelle 136
Ileus, paralytischer 50
Infektion, opportunistische 70
Infektionskrankheit 68
Informationserhebung 31
Informationsgespräch 37
Infusionstherapie 48 ff., 53
Injektion 86, 119
Insuffizienz, chronisch-venöse 86
Insulingabe 103
Interaktion, themenzentrierte 114

Kachexie 80
Karies 153
Karzinom 96
Kataraktoperation 46
Kenntnisse, betriebswirtschaftliche 186
Kitwood 90
Kommunikation 113
–, -(s)technologie 204
Kompensationsmethode 210
Kompensationsmöglichkeit 48
Konflikt 198
–, -lösung 216
Konzept 19
Körperverletzung 125
Kostaufbau 98

Register

Kostenträger 25
Kostenübernahme 39
Kraftlosigkeit 99
Krankensalbung 51
Krankheit 17
–, -(s)biografie 26
Krise 198
Krohwinkel 21
Kurzzeitpflege 87, 111, 181

Laparotomie 57
Lebensfrage 138
Lebensqualität 48
Lernen 203
Lernfeld 48
–, -didaktik 30
–, -(s)systematik 35
Lerntechnik 203
Lerntyp 206
Lernverhalten 203
Linksherzinsuffizienz 49
Lungenödem 48

Magensonde 50
Mammakarzinom 108
Marketing 187
Maßnahme, tagesstrukturierende 160
Maßnahme, qualitätssichernde 188
MDK-Prüfung 193
Medienangebot 165
Medikamenteneinnahme 49
Menschen, schwerstkranke 97
Menschenrecht 28
Menschenwürde 27
Methodenkompetenz 206
Milieutherapie 90

Mini-Mental-Status (MMS) 31
Mobilisation 54
–, -(s)methode 55
Modell 19, 20
Morbus Parkinson 51
Multimorbidität 82
Multiple Sklerose 111

Neglect 38
Netzwerk, soziales 171
Netzwerkbildung 178
Nikotinabusus 60, 86
Notfall 49, 103

Oberschenkelhalsfraktur 54
Obstipation 62
–, -(s)prophylaxe 103
Opfer 217
Orem 21
Ösophaguskarzinom 95
Osteoporose 58

Pankreatitis 86
Parkinson 52
–, -erkrankung 52
Parkinsonsche Erkrankung 51
Partnerschaft 148
Patientenverfügung 50
PAVK 103
PEG 97
Peritonitis 50
Pflege, biografieorientierte 90
Pflege, palliative 94
Pflege, palliative 179
Pflege, postoperative 64
Pflege, transkulturelle 136
Pflegeabhängigkeitsskala 31

Pflegeanamnese 31
Pflegeansatz, personenorientierter 90
Pflegebedarfserhebung 31
Pflegebedürftigkeit 17
Pflegeberater 167
Pflegebericht 32
Pflegediagnostik 30
Pflegedokumentation 32, 34
Pflegefehler 32
Pflegeforschung 21
Pflegekonzept 21
Pflegekonzept, mäeuthisches 90
Pflegemaßnahme 32
Pflegeplan 39
Pflegeplanung 32
Pflegeproblem 32
Pflegeprognose 51
Pflegeprozess 29, 30
Pflegeüberleitung 179
Pflegeversicherung 175
Pflegeversicherungsgesetz 188
Pflegeziel 32
Pneumonie 56, 79
Polyarthritis 84
Polypharmakologie 82
Postexpositionsprophylaxe 73
Prävention 22
Problemlösung 29
–, -(s)prozess 30
Professionalisierung 196
Prophylaxe 112
Prostatavergrößerung 49
Prothese 43
Prozesspflege 33
Pulsfrequenz 53

Qualitätsbeauftragter 190
Qualitätsbeauftragter 191
Qualitätsentwicklung 189
Qualitätsmanagement 190
Qualitätsmanagementkonzept 191
Qualitätssicherung 188
Qualitätsstufenmodell 188

Rasselgeräusche 49
Reaktion 29
Reanimation 103
Reflexionsvermögen 202
Regelkreislaufmodell, kybernetisches 30
Rehabilitation 24
–, geriatrische 41
–, -(s)maßnahme 25
–, -(s)plan 39
–, -(s)programm 40
Reinigungseinlauf 63
Reiz 29
Rentenversicherung 182
Resident Assessment Instrument (RAI) 31
Ressource 32
Rezidivprophylaxe nach Hirninfarkt 40
Rigor 52
Ritual, religiöses 139
Roper 21
Ruhetremor 52

Salmonellose 68
Sauerstoffgabe 49
Schizophrenie 92
Schlaganfall 24
Schluckinsuffizienz 94

Register

Schmerz 58
–, -Assessmentinstrumente 84
–, -protokoll 63
–, -therapie 60
Schnittstellenmanagement 130, 179 f.
Schweigepflicht 127, 185
Schwerhörigkeit 44
Sehen 46
Sehschwäche 46
Selbsthilfegruppe 64, 168
Selbstpflege 36
–, -aktivität 37
–, -potenzial 36 f.
Selbstständigkeit 63
Seniorenbeirat 169 f.
Seniorenvertretung 169
Sexualität 147
Sicherung, soziale 171, 176
Sigmakarzinom 60
Sinnesleistung 29
Sinnesorgan 44
Sinnesstörung 29
Situation, lebensbedrohliche 50
Situation, rechtliche 121
Sonografie 50
Sozialisation, kulturspezifische 136
Sozialversicherung 177
Speisesaal 213
Sterbebegleitung 100
Sterben 99, 101
Sterbephase 101
Stimmungsschwankung 38
Stomaversorgung 58

Stress 224
–, -abbauwirkung 224
–, -bewältigung 223
–, -prävention 223
Suchterkrankung 93
Suizidversuch 104
Supervision 225

Tagesgestaltung 168
Tagesklinik 177
Tagesstätte 167
Täter 217
Team, therapeutisches 130
Teamarbeit 198
Theorie 19
Therapie, medikamentöse 90
Thromboseprophylaxe 64
Tiere im Heim 139
Todesangst 48
Träger 173
Transversostomie 57, 60
Trauer 84
Tremor 52

Überforderung 224
Übergewicht 82
Übergriff, gewalttätiger 217
Überleitungsbogen 107
Überleitungspflege 106, 180
Ulcus cruris 135
Unabhängigkeit 63
Unterernährung im Alter 151
Uringewinnung 81
Urininkontinenz 38, 40

Register

Veranstaltungsangebot 163
Verbandwechsel 54
Verbrennung 178
Vereinsamung 153
Verhaltensweisen, stereotype 92
Verhinderungspflege 181
Verlegungsprotokoll 107
Verlust 17, 84
Verordnung, ärztliche 48, 119
Verschlusskrankheit, arterielle 55, 67
Versicherungsträger 39
Versorgungskette 182
Verstimmung, depressive 40
Verstorbener 100
Verwahrlosung 171
Verwirrung 44, 89, 132
Vitalzeichenkontrolle 103
Vorfußamputation 47

Wahnvorstellung 86
Wahrnehmung 28
–, -(s)störung 29
Wohnbiografie 26
Wohnen und Leben, ethniespezifisches 136
Wohngemeinschaft 141, 155
Wohnraumanpassung 158
Wohnraumgestaltung 150
Wohnumfeldgestaltung 150

Zehenamputation 62
Zeitmanagement 207
Zusammenarbeit 128
Zyanose 49

Margot Sieger • Elfriede Brinker-Meyendriesch

Der Rote Faden für die praktische Ausbildung in den Pflegeberufen

Ein Arbeitsbuch für die Anleiterin, Lehrende, Schülerin, Stations- bzw. Bereichsleiterin

2004. 188 Seiten, 35 Abbildungen,
26,5 x 31,5 cm, Ringordner
ISBN-10: 3-89993-405-9
ISBN-13: 978-3-89993-405-2
€ 39,90 / sFr 67,–

Der »Rote Faden« vernetzt die theoretische und praktische Ausbildung. Er führt gründlich in die Theorie ein und bietet eine Fülle von praktischen Beispielen und Formblättern, die sich bequem entnehmen, kopieren und abheften lassen. Entsprechend der Ausbildung ist der praktische Ringordner nach Lernfeldern strukturiert.

»Das Arbeitsbuch ist eine anregende Materialsammlung. Es enthält eine Fülle von pragmatischen und praktischen Instrumenten zur Strukturierung, Gestaltung und Dokumentation der praktischen Ausbildung. Die ausgearbeiteten Beispiele veranschaulichen die Vorschläge.« *www.socialnet.de*

Ingrid Hametner

So organisieren Sie die Ausbildung in der Altenpflege

Arbeitshilfen zur Umsetzung der gesetzlichen Vorgaben

2004. 208 Seiten, 21,0 x 29,7 cm, kartoniert
ISBN-10: 3-89993-413-X
ISBN-13: 978-3-89993-413-7
€ 29,90 / sFr 49,90

Vom Assessmentverfahren für Auszubildende bis zum theoriegeleiteten Arbeiten in der Praxis findet der Leser alles, was er zur Organisation und Gestaltung einer handlungsorientierten Altenpflegeausbildung benötigt.

»Dieses Buch versteht sich als ›Brückenschlag‹ zwischen ›Gestern und Morgen‹ und trägt der Forderung nach einer engen Verzahnung von Theorie und Praxis Rechnung. Es ist für alle Altenpflegeschulen, unter Berücksichtigung der entsprechenden Länderregelung, als Umsetzungs- und Arbeitshilfe zu empfehlen.« *Zeitschrift für Wundheilung*

— **BRIGITTE KUNZ VERLAG** —

Jürgen Wingchen

Kommunikation und Gesprächsführung für Pflegeberufe

Ein Lehr- und Arbeitsbuch

2., aktualisierte Auflage

2006. 296 Seiten, 14,8 x 21,0 cm, kartoniert
ISBN-10: 3-89993-439-3
ISBN-13: 978-3-89993-439-7
€ 19,90 / sFr 33,90

Leicht verständlich vermittelt Jürgen Wingchen die wichtigsten Modelle der Gesprächsführung. Aus der Praxis beschreibt er konkrete Gesprächssituationen. Lernen Sie Schritt für Schritt, wie Sie eine Beziehung zum Patienten aufbauen, wie Sie informieren, anleiten und beraten. Das Buch ist vollständig überarbeitet. Ganz neu sind die Kapitel Kommunikation und Aphasie, Krisensituationen, Lachen, Begleitung Sterbender und Trauernder sowie Angehörigenarbeit und Beschwerdemanagement.

Helke Lindloff

Erkrankungen des alten Menschen

Kurz gefasstes Lehrbuch für die Altenpflegeausbildung

5., aktualisierte und erweiterte Auflage

2005. 144 Seiten, 14,8 x 21,0 cm, kartoniert
ISBN-10: 3-89993-433-4
ISBN-13: 978-3-89993-433-5
€ 13,– / sFr 22,90

Dieses kompakte Buch ist eine ideale Ergänzung zum Unterricht in der Altenpflegeausbildung. Systematisch und übersichtlich sind die Krankheitsbilder dargestellt: Krankheitsmechanismen, die Sicherheit im täglichen Umgang mit chronisch Erkrankten und das Erkennen von Notfallsituationen. Das Werk ist eine wertvolle Hilfe zur Examensvorbereitung und Orientierungsgrundlage für die Altenpflegepraxis. Für die Neuauflage wurde das Werk erweitert und auf den aktuellsten Stand gebracht.

Stand September 2006. Änderungen vorbehalten.

BRIGITTE KUNZ VERLAG

Erich Grond

Kompendium der Alters-Psychiatrie und Alters-Neurologie für Altenpfleger/innen

4., aktualisierte Auflage

2005. 236 Seiten, 14,8 x 21,0 cm, kartoniert
ISBN-10: 3-89993-432-6
ISBN-13: 978-3-89993-432-8
€ 16,– / sFr 28,–

Dieses Buch dient AltenpflegerInnen bei der Examensvorbereitung in der Alters-Psychiatrie und Alters-Neurologie sowie als Kurzlehrbuch. Zur Vereinfachung für Berufsanfänger wurden medizinische Ausdrücke soweit möglich verdeutscht. Die ICD 10 Klassifikation psychischer Störungen ist berücksichtigt. Für die Neuauflage wurde das Werk auf den aktuellsten Stand gebracht.

Mechthild Seel • Elke Hurling

Die Pflege des Menschen im Alter

Ressourcenorientierte Unterstützung bei den AEDL

3., überarbeitete und erweiterte Auflage

2005. 1112 Seiten, über 300 Abbildungen, 21,0 x 29,7 cm, Hardcover
ISBN-10: 3-89993-419-9
ISBN-13: 978-3-89993-419-9
€ 44,90 / sFr 74,90

Für die 3. Auflage wurde dieses Lehrbuch inhaltlich überarbeitet, aktualisiert und gezielt erweitert. Ergänzt wurden z. B. die Themen Qualitätsmanagement, Pflegediagnosen, Praxisanleitung, Angehörigenarbeit, Hausgemeinschaften, Wundmanagement und Umgang mit einem Tracheostoma. Außerdem werden aktuelle Konzepte und erprobte Methoden wie die 10-Minuten-Aktivierung bei der Betreuung von dementen Menschen, das Snoezelen und der Einsatz von Humor in der Pflege vorgestellt. Dieses Lehrbuch vermittelt, gemäß dem Altenpflegegesetz, die Kenntnisse, die zur selbstständigen und eigenverantwortlichen Pflege alter Menschen erforderlich sind. Mit seinem bewährten Gesamtkonzept bietet dieses Buch eine fundierte Grundlage für die Ausbildung und die praktische Tätigkeit in der Altenpflege.

Stand September 2006. Änderungen vorbehalten.

— BRIGITTE KUNZ VERLAG —

Winfried Kunz

Gesetzessammlung für Pflegeberufe

9., aktualisierte Auflage

2005. 604 Seiten, 14,8 x 21,0 cm, kartoniert
ISBN-10: 3-89993-409-1
ISBN-13: 978-3-89993-409-0
€ 22,– / sFr 37,–

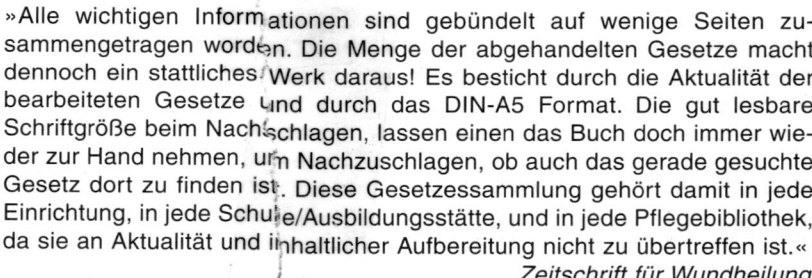

Alle pflegerelevanten Gesetze zum Thema in kompakter Form: Berufsrecht, Krankenhausrecht, Heimrecht, Gesundheitsrecht, Arbeitsrecht, Sozialrecht und Staatsrecht.

»Alle wichtigen Informationen sind gebündelt auf wenige Seiten zusammengetragen worden. Die Menge der abgehandelten Gesetze macht dennoch ein stattliches Werk daraus! Es besticht durch die Aktualität der bearbeiteten Gesetze und durch das DIN-A5 Format. Die gut lesbare Schriftgröße beim Nachschlagen, lassen einen das Buch doch immer wieder zur Hand nehmen, um Nachzuschlagen, ob auch das gerade gesuchte Gesetz dort zu finden ist. Diese Gesetzessammlung gehört damit in jede Einrichtung, in jede Schule/Ausbildungsstätte, und in jede Pflegebibliothek, da sie an Aktualität und inhaltlicher Aufbereitung nicht zu übertreffen ist.«
Zeitschrift für Wundheilung

Elisabeth Höwler

Gerontopsychiatrische Pflege
Lehr- und Arbeitsbuch für die Altenpflege

2., aktualisierte und überarbeitete Auflage

2004. 416 Seiten, 23 Abbildungen, 21,0 x 29,7 cm, kartoniert
ISBN-10: 3-89993-411-3
ISBN-13: 978-3-89993-411-3
€ 29,90 / sFr 49,90

Umfassend stellt dieses Buch den pflegerischen und therapeutischen Bereich in der Gerontopsychiatrie dar. Mit Wiederholungsaufgaben nach jedem Kapitel kann der Lernende sein Wissen prüfen. Die Neuauflage bietet neben der gewohnt guten Nutzbarkeit in der Altenpflegeausbildung auch erste Anhaltspunkte für Pflegediagnostik, Pflegeplanung, Krisenintervention und zur Evaluation von Pflege und Betreuung.

Stand September 2006. Änderungen vorbehalten.

BRIGITTE KUNZ VERLAG